南方传媒研究

NANFANG MEDIA RESEARCH

南方报业传媒集团 南方传媒学院 主编

南方日报出版社
NANFANG DAILY PRESS

图书在版编目（CIP）数据

南方传媒研究·第四十一辑：自媒体/南方报业传媒集团 南方传媒学院主编．—广州：南方日报出版社，2013.4

ISBN 978-7-5491-0826-8

Ⅰ.①南… Ⅱ.①南… ②南… Ⅲ.①传播媒介－中国－文集 Ⅳ.①G219.2-53

中国版本图书馆 CIP 数据核字（2013）第 075048 号

南方传媒研究

第四十一辑：自媒体

南方报业传媒集团 南方传媒学院 主编

出版发行 南方日报出版社
地　　址 广州市广州大道中 289 号
电　　话 （020）83000502
经　　销 全国新华书店
印　　刷 广州市怡升印刷有限公司
开　　本 787mm×1092mm 1/16
印　　张 14 彩插 0.5
字　　数 270 千字
版　　次 2013 年 4 月第 1 版
印　　次 2013 年 4 月第 1 次印刷
定　　价 28.00 元

投稿电话：020-83003364 83004106
网址：http://media.nfdaily.cn
发现印装质量问题，影响阅读，请与承印厂联系调换。

目录 Contents

NO.41

传媒动态 006

本期焦点「自媒体开花」017

记者讲述 071

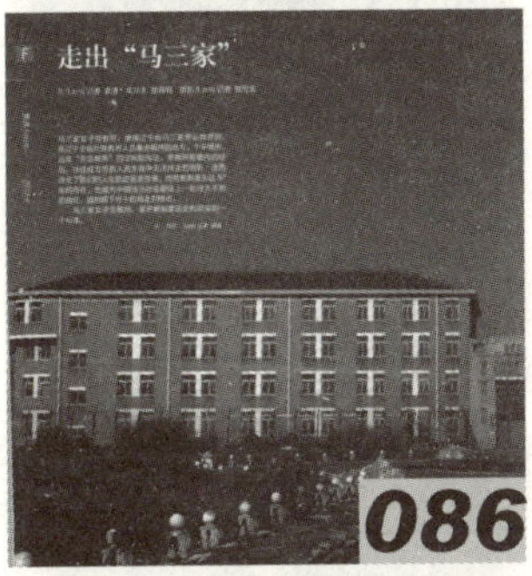

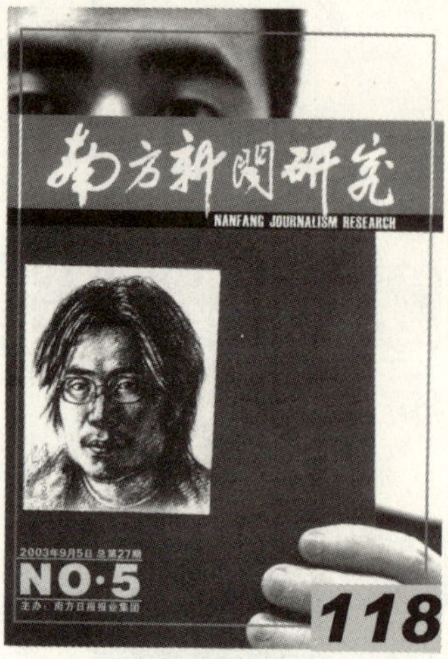
南方新闻研究
NANFANG JOURNALISM RESEARCH
NO·5
118

青岛早报
重庆路改造最宽14车道
穆巴拉克终身监禁
‘最美司机’感动世人
曲波大婚早报送大礼
两快艇相撞9人受伤
125

柴静这个名字是一场幻觉
151

编委会

地　　址　广州市广州大道中289号

电　　话　020-83003364　87363753

传　　真　020-83004106

邮政编码　510601

电子邮箱　nfcmyj@vip.163.com
nfcmyj@163.com

网　　址　http://media.nfdaily.cn
http://www.nfmedia.com/cmzj/cmyj/

"现在社会已经是一个透明度很高的社会，我国微博的用户有数以亿计，有些政府信息不及时公开，社会上就议论纷纷，甚至无端猜测，容易引起群众的不满，产生负面影响，给政府工作造成被动。"

——中共中央政治局常委、国务院总理李克强3月26日在北京谈及政务公开时强调，政府要向群众"说真话、交实底"。

"古装剧题材过审受到限制、谍战剧不让在黄金档播出，不拍抗战剧还能拍什么？"

——2012年，有48个剧组在横店拍抗战剧。为什么大家都爱拍抗战题材？绿城传媒有限公司总经理周伟成这样告诉记者。

我的一份年终总结：传统媒体在洗牌中。与其做遗老遗少，在一个旧时代的余晖里逐渐失去行动能力，不如做革命党人，创造一个在新纪元里让高质量内容仍能获得合理市场定价的商业模式。现在，是时候打破铁屋子了。

——《环球企业家》常务副主编仇勇2月17日发表长微博"传统媒体需要新手法"谈5年后的传统媒体将面对什么。

无良记者的存在，降低了公众对新闻人的尊重，以及媒体自身的公信力。当你不再有底线、有尊严，别人就可以随意蹂躏你、指使你、收买你。什么新闻本位、社会公器、良知和责任，统统都不存在。只要我花钱，就可以"买"你为我所用，就可以将你操控于股掌之间。

——中国青年报评论部主任冯雪梅2月20日发文《采访何以成了赚钱工具》评论连云港黑记者敲诈敛财事件。

当新闻自由真正到来，首先呈现的可能并非我们所认为的铁肩担道义、严肃，而是八卦、丑闻，性暴力满天飞，商业利益占据上风，但是那是必经的阶段。只有经历了，自由才会慢慢平衡到一种令人期待的局面。那是下一代新闻人的使命，我们的使命就是推动新闻自由在中国逐渐变现。

——"两会"前夕，政协委员白岩松接受南方日报记者采访时表示作为新闻人，他也会持续和同行一起去思考，尝试推进《新闻法》的立法进程。

报纸给紧密的社区传递了综合的和可信赖的信息，加上明智的互联网策略，报纸将会在长时间内保持竞争力。我们不认为，减少新闻内容或改变出版频率会成功。其实，稀少的新闻报道将会导致稀少的读者。

——巴菲特在2013年致股东信中再次详细解释最近他频频收购报纸的原因。

新媒体环境下，读者的需求是：快阅读、轻阅读、易阅读！读者需要的，只是50分，你需要做的就是把50分的内容给他就够了，最多超越预期给到60分就行，你用不着费心费力地搞到120分。

——新华社《财经国家周刊》主笔王康鹏3月30日撰文《“内容为王”错在哪里？》认为传统媒体人应反思。

“妙可小妹妹，你长大会慢慢理解：评估‘有害的言论’是相当主观的事情；愤怒的人，越堵越愤怒；堵的人，越堵就越霸道。因此，打造健康环境最好的方法是容忍更多言论，而不是主观地去堵。”

——3月29日，14岁的童星林妙可因为在微博中遭遇部分网友污言秽语，因而建议新浪微博根除有害言论，李开复就此“指教”林妙可。

“在PC上用百度搜索麦当劳，第一个是麦当劳网站。可手机搜索，人家想知道最近的麦当劳是哪一个，电话是什么，能不能送外卖甚至排不排队。”

——3月31日，李彦宏在2013中国（深圳）IT领袖峰会上阐述移动互联网对传统搜索习惯的“颠覆”。

文明时代的标志之一，是污言秽语逐渐退出公众领域。而如果在所谓的文明时代，却有大量污言秽语甚嚣尘上，那或许只有一个理由可以解释，即这个时代存有大量的不公。愈是在不公平、不公正的时代，污言秽语似乎更迸发出不可抑制的“活力”。

——专栏作家韩浩月4月9日在中青报撰文《为什么“脏话狂欢”屡见不鲜》对蹿红新词“绿茶婊”及后面的文化背景进行点评。

翟树岩

3月21日晚，央视7套栏目《聚焦三农》摄影记者翟树岩在宜宾境内的高速公路上因车祸受伤，后送往医院抢救无效死亡。被救出小车前的最后一刻，翟树岩怀里仍然牢牢抱着摄像机。翟树岩从事媒体工作40年，中华全国新闻工作者协会决定追授他“全国优秀新闻工作者”称号。

默克尔

3月，德国播出二战题材电视剧《我们的父亲母亲》，剧中的波兰游击队员被描述为反犹太主义者。波兰最畅销新闻杂志《Uwazam Rze》遂以封面文章“歪曲历史：德国如何自诩二战受害者”回击，称这部电视剧试图掩饰战时德国人的暴行，并以德国总理默克尔身穿纳粹集中营囚服作为封面。

杨锦麟

2月16日，杨锦麟团队对外宣布，腾讯视频将独家开设“锦麟频道”，并于3月1日起推出四档均由杨锦麟担纲的节目。香港卫视公关部也发表共同声明称，杨锦麟因个人生涯规划及事业发展需要，主动辞去在香港卫视所任职务。

罗森友

中央电视台国际频道的前主持罗森友，被英国警方发现手提电脑和硬盘里藏有800多部包括虐待女性和动物的重口味黄片，他面临的最高刑罚将是监禁3年。罗森友在英国出生长大，2008年离开中国，现住在英国肯特郡。

米歇尔·奥巴马

2月24日，米歇尔·奥巴马通过视频连线宣布《逃离德黑兰》获得奥斯卡最佳影片奖时身穿一条吊带裙，伊朗Fars通讯社在报道此事时，对米歇尔的照片进行了修改，为她的裙子添上衣袖，并拉高领口。据称，Fars通讯社此举是为了使米歇尔形象更符合伊朗传统中对女性的着装要求。

王克勤

中国调查性报道领域的旗帜性人物王克勤已于2月27日正式离开《经济观察报》。王克勤表示将会先休息一段时间。2012年10月8日，由王克勤组建刚满一年的调查新闻部遭解散，麾下记者散失殆尽。而早在去年8月《经济观察报》已经停止调查性报道。

冯小刚

2月26日，冯小刚在个人微博中连发两条炮轰"屌丝"一词滥用，表示"称自己是屌丝那是自贱"，许多网友不以为然，认为"屌丝"一词早已脱离原意，是无背景无家世无房无车的普通民众，对现实的一种不满和宣泄，冯导太过矫情，网络新一轮骂战由此爆发。

郑勇

2月25日，三联书店在官网公布：《读书》杂志原执行主编贾宝兰调离，任命三联书店总编辑助理郑勇接任《读书》杂志执行主编，主持《读书》工作，自2013年3月1日起执行。另外，《读书》杂志的另一位主编王焱、副主编李学军也即将离开。

马修·基斯

美国联邦官员3月14日指控英国路透社社交媒体编辑马修·基斯(Matthew Keys)与国际黑客组织"匿名者"合谋攻击《洛杉矶时报》网站。如罪名成立，基斯最多可能面临30年监禁和75万美元罚款。现年26岁的基斯曾是《洛杉矶时报》母公司论坛报业集团(Tribune Co.)一家分公司的雇员。

徐峥

因自导自演影片《人在囧途之泰囧》票房大热推动泰国旅游业，徐峥受到了泰国女总理英拉的接见，但徐峥着装却被亚洲通讯社社长徐静波批评其不注重社交礼仪，"卷着衬衣袖子，敞着胸口"随意打扮，有损中国人的国际形象，此事引起网络激辩。

图说

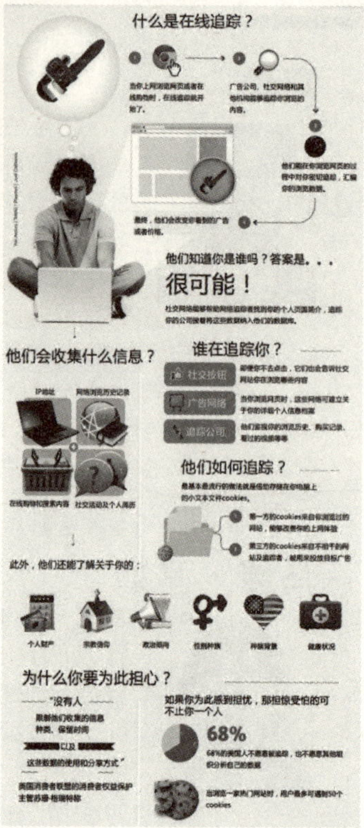

谁在追踪你？

你处于一张强大的监控网络下，你的一举一动，时间维度的空间维度的，都已存档备案。就差一个地方：厕所，没有第三只眼。稍微有点节操的商家和政府都会在摄像头区域注明“您已进入公共视频安全监控区域”，你没有选择权，但有知情权。

数字

57%

香港大学研究表明新浪微博过半用户是“僵尸”

香港大学研究人员进行的一项研究显示，57%的新浪微博用户帐户的时间轴中没有任何帖子，表明帐户是非活跃帐户或由营销公司创建的所谓僵尸帐户。新浪在去年底的财报分析师电话会议上表示，微博日活跃用户为4620万。

22.2万

美国女子下载/分享24首歌曲遭判罚

2007年，美国唱片协会控告女子Jammie Thomas Rasset在网上非法共享1700首歌曲。2009年6月份，美国明尼苏达州法院判定Jammie非法下载并分享24首歌曲属于侵权行为，每首歌罚金8万美元。2013年3月18日，联邦最高法院判定Jammie赔付22.2万美元，为长达6年的案件画上了终止符。

15亿美元

2012年美国印刷广告下滑

皮尤研究中心卓越新闻项目最新发布研究报告《新闻媒体现状》(the State of the News Media)。报告指出，2012年美国印刷广告支出下滑15亿美元，这也是自1982年以来美国印刷广告支出首次低于200亿美元。

10亿

YouTube 月独立用户访问量

谷歌3月20日宣布，YouTube 的月独立用户访问量已经达到10亿。如果按照全球67.9亿的人口总数计算，每月访问 YouTube 的人约占全世界人口总数14.7%，YouTube 的全球网民覆盖率大约为50%。

18.3亿

上海互联网媒体广告收入首超纸媒

上海市工商局3月份发布《上海广告市场状况报告》显示，2012年度，上海互联网媒体广告营业收入高额增长，达到18.3亿元，首次超越报纸媒体广告。同期报纸媒体广告营业收入17.8亿元，首次同比下降12.6%。

1亿

轻博客 Tumblr 数量1年翻番

据美国科技博客 TheNextWeb 报道，轻博客网站 Tumblr 上的博客数量截至3月26日已超过1亿个，帖子总数约达446亿个。成立于2007年的 Tumblr 是目前全球最大的轻博客网站，也是轻博客网站的始祖，是当前最受年轻人欢迎的社交网站之一。

4000万

微信海外市场用户数量

4月7日，腾讯公司总裁刘炽平在博鳌亚洲论坛期间表示，微信（英文名：WeChat）在海外市场已有4000万用户。刘炽平认为，在上一轮有线互联网世界里，亚洲公司包括中国公司都是跟随者，而在移动互联网世界，尤其是通讯科技及应用上，亚洲企业后来居上。

500万

美国“零电视”一族“转场”看电视

不少美国观众已经厌倦了每月缴费看电视，不少人开始使用电脑、平板、手机等移动终端来看“电视”。市场调查机构尼尔森公司今年3月数据显示，“零电视”一族已从2007年的200万户增长到如今的大约500万户，尽管目前只占整个电视观众群体的5%，但其发展趋势值得关注。

数字

日本要求政府下调报纸税率

日本新闻协会近日发布声明要求政府在提高消费税的同时，下调报纸的税率。此次声明旨在维持日本全民读报的习惯，提供更便利的买报环境。据日本新闻协会调查显示，2011 年，平均每个日本家庭拥有报纸 0.9 份，比此前的 1.12 份有明显下降。

美国《读者文摘》二次申请破产保护

美国老牌杂志《读者文摘》的母公司 4 年内第二次申请破产保护，负债 4.65 亿美元。《读者文摘》发行 91 年来，始终是全世界发行量最大的杂志之一。2009 年 8 月，这家企业的美国分支第一次申请破产保护。

时代华纳将分拆杂志业务　仅保留 3 份杂志

时代华纳正在与美国杂志出版商 Meredith 就分拆时代公司进行谈判。时代华纳将保留旗舰《时代》杂志，以及《体育画报》和《财富》，而其他杂志，包括《人物》、《造型》和《Real Simple》，将被出售，目前时代华纳在全球范围内发行 93 种杂志，包括在美国的 21 种。

外国人首次在朝鲜发微博及生活照片

2 月 25 日，美联社朝鲜分社总编辑吉恩·H·李先是在 Twitter 上发了一条简短微博，上面写道："使用 Koryolink 的最新移动互联网服务发布的第一条微博。在平壤向世界问好。"随后，她又在推特上通过 Instagram 上传了一张拍摄于平壤街头的照片。Koryolink 是朝鲜目前唯一一家移动运营商。

Google关闭RSS阅读器Google Reader

谷歌3月14日在官方博客发表题为《又一次春季大扫除》的文章，宣布关闭包括Google Reader在内的多款服务。文章称："我们2005年推出Google Reader，方便人们发现内容，并随时查看最喜爱的网站。尽管这款服务拥趸众多，但过去几年间，它的使用量已经下滑了。因此，我们将于2013年7月1日关闭该服务。在接下来的4个月里，对其他RSS服务感兴趣的用户和开发者可以使用Google Takeout导出订阅等数据。"

"中国博客网"关闭 数据清零

3月31日，"全球最大的中文博客托管商"中国博客网关闭其所有免费博客并清零用户数据，中国博客网的这一举动让不少人再次发出感慨：在微博、微信等新生代冲击下，博客是否真的已死？

《读者》推出台湾版　月发行量增至2万份

大陆知名杂志、有"心灵读本"美誉的《读者》自2011年在台湾发行以来，月发行量已增至2万份。台湾版《读者》基本保持大陆版的"原汁原味"，只是把简体字改为繁体字，将两期半月刊合并为一期月刊，并对文中个别语言表述按台湾习惯进行调整。

时隔半世纪　缅甸首发民营日报

随着缅甸民主改革进程的深化，在缅甸消失近半个世纪的民营日报4月1日开始正式发行。此前，在缅甸只有国营报社可以发行日报，民营报刊只能发行周报。缅甸政府自去年开始放宽新闻报道管制。2012年8月，缅甸政府宣布取消国内出版物的审查制度。

大学书记被曝包二奶　冒充纪委官员打记者

河南机电高等专科学校党委书记赵茂辰包养“二奶”并生下孩子遭举报，3月27日晚河南青年报记者在新乡一酒店采访赵茂辰时，赵领来4位自称“中纪委”六室的人。4人用腰带把记者反捆双臂按在床上，进行辱骂、威胁、殴打，后将记者挟持至另一酒店继续殴打，4小时后，记者假意妥协才得以脱身。

副市长劝记者勿互相伤害

日前，河北省霸州市环保局内部员工举报，霸州市副市长韩清华一家有9套房产。4月8日，新京报记者就其中6套与韩清华核实，他表示其中3套为其家人所有，2套已出让，还有1套不存在。“你还年轻，还有很长的路要走。”韩清华多次询问记者是否有录音，并表示“我希望咱们都不要互相伤害”。

浙江金华官员酒后抓伤记者

3月28日晚，金华电视台新闻综合频道陈姓记者跟随交警部门在婺城区的江北金孝街执法查酒驾。金华市婺城区文体局副局长鲍某打开车窗待检时，民警闻到酒味进行检测，鲍某与民警发生争吵，测试仪器被损坏；当鲍某发现有记者拍摄时，大打出手掐伤记者脖子，并导致摄像机损坏。

利比亚首都电视台被纵火焚烧　台长被绑架

百余名不明身份的武装分子3月7日下午闯入位于利比亚首都的黎波里市中心的利比亚首都卫星电视台，他们砸碎、焚烧该电视台的设备，并绑架了台长朱马·乌斯塔、总编辑及其他两名工作人员。该电视台经常播出一些存在争议的时事评论类节目，部分利比亚人对此持有异议。

人民日报：谣言止于公开，互信缘于透明

唯有及时准确的信息公开，才能抚慰公众的焦灼无助。公众的质疑，也是一种正能量。唯有不懈的质疑，才会不断砥砺政府信息公开的速度与力度，才会在权威解疑中修复社会互信。

片面地指责“我不相信”，于事无补。唯有充分的信息公开，靠对瞒报行为的惩戒，方能锻造政府坚实的公信力。

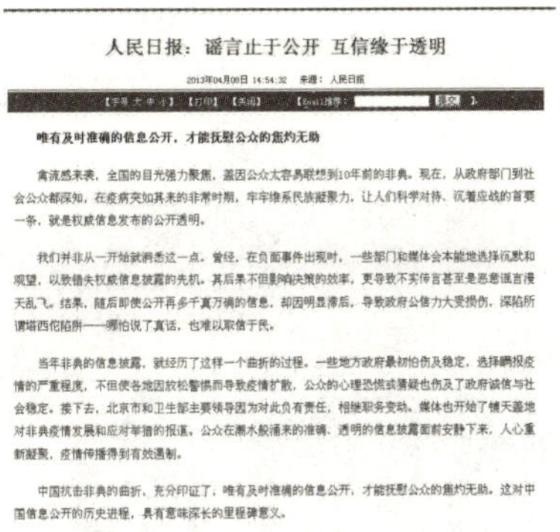

人民日报：谣言止于公开 互信缘于透明

2013年04月08日 14:54:32 来源：人民日报

【字号 大 中 小】【打印】【关闭】【Email推荐： 提交】

唯有及时准确的信息公开，才能抚慰公众的焦灼无助

禽流感来袭，全国的目光强力聚焦，盖因公众太容易联想到10年前的非典。现在，从政府部门到社会公众都深知，在疫病突如其来的非常时期，牢牢维系民族凝聚力，让人们科学对待、沉着应战的首要一条，就是权威信息发布的公开透明。

我们并非从一开始就洞悉这一点。曾经，在负面事件出现时，一些部门和媒体会本能地选择沉默和观望，以致错失权威信息披露的先机。其后果不但影响决策的效率，更导致不实传言甚至是恶意谣言漫天乱飞。结果，随后即使公开再多千真万确的信息，却因明显滞后，导致政府公信力大受损伤，深陷所谓塔西佗陷阱——哪怕说了真话，也难以取信于民。

当年非典的信息披露，就经历了这样一个曲折的过程。一些地方政府最初怕伤及稳定，选择瞒报疫情的严重程度，不但使各地因放松警惕而导致疫情扩散，公众的心理恐慌或猜疑也伤及了政府诚信与社会稳定。接下去，北京市和卫生部主要领导因为对此负有责任，相继职务变动。媒体也开始了铺天盖地对非典疫情发展和应对举措的报道。公众在潮水般涌来的准确、透明的信息披露面前安静下来，人心重新凝聚，疫情传播得到有效遏制。

中国抗击非典的曲折，充分印证了，唯有及时准确的信息公开，才能抚慰公众的焦灼无助。这对中国信息公开的历史进程，具有意味深长的里程碑意义。

周健工：主编之死

传统媒体的集中式生产与传播方式引向分散化与分布式。掌管传统媒体内容及内容创造者的主编，集中式管理采访、写作、发布过程的主编，正在变得名存实亡。不在新的媒体环境下与时俱进，一批主编将会死去。在新的媒体生态环境下，尤其是在迅速的变化中，好的主编要成为好的产品经理。在社交媒体和移动互联网盛行的今天，传递好的用户体验，主编需要具备产品经理的思维和部分技能。

张立伟：传统媒体危机其实源于自身

中国传统媒体遭遇的挑战并不主要是新媒体，首先，传统媒体经营面临的冲击一部分来自宏观经济变化，企业盈利减少影响了广告投入；传统媒体也不是一个高度竞争性的行业，自身能力与水平较低，放大了新媒体的冲击；而新媒体对一些纸媒的冲击除了受众争夺之外，大量成熟媒体人流失到互联网行业，造成传统媒体从业者的素质降低，无法积累人才；另外，部分传统记者过度依赖网络提供信息，也让他们所在的传统媒体失去话题设置的权力与能力，影响内容品质。

陈国权：寻找传统媒体 APP 的赢利模式

传统媒体 APP 如何找到赢利模式？1. 做类似于网易、搜狐新闻客户端的信息集纳平台；2. 生产高品质内容，成为专业类媒体；3. 充分利用区域性优势，将新闻资讯与本地化服务相结合；4. 完全脱离新闻，向非新闻产品发展。

南都记者多媒体作品荷赛获三等奖

2月1日，第三届世界新闻摄影比赛（简称荷赛）多媒体奖项结果公布，南方都市报记者杨恩泽的作品《飞轮上的梦》《Dreams on freewheels》获得专题纪录片三等奖。《飞轮上的梦》讲述了中国国家残疾人自行车队备战2012年伦敦残奥会的故事。荷赛多媒体顾问、英国波顿大学教授D.J.克拉克说："祝贺杨恩泽和南都多媒体团队赢得WPP（荷赛）多媒体大赛奖项。这是中国新媒体伟大的一天。"

87篇作品获南都新闻奖 70名学子获南都奖学金

以新闻的名义相聚，播种希望，分享荣光，坚守理想。3月30日，南都人一年一度的"节日"——南都新闻奖暨南都奖学金颁奖典礼在广州星海音乐厅举行，揭晓普通新闻报道奖等31个类别的奖项，共有87篇作品获奖。唐慧事件的首发报道《幼女母亲被劳教一年半》获得普通新闻报道奖金奖。

本期焦点「自媒体开花」

本期焦点「自媒体开花」

编者按

在这个春天，乘着移动互联和智能手机的东风，自媒体这朵花蕾，终于绽放：高晓松的视频作品"晓说"累计播放量破亿，程苓峰"云科技"3个月拿了20万的广告费。以前人们提及公民记者、自媒体，往往是说大众也拥有了麦克风，在今天，则是越来越多的专业媒体人试水自媒体——不再是偶然的突发性事件报道，而是有着明确受众目标的、定期推出的，甚至有广告收益的自媒体报道。当然，花蕾初绽，来日方长。自媒体，这回会是一朵昙花，还是一朵奇葩？不妨且行且看。

漫画　邝飚

“我需要的不是粉丝，而是铁杆粉丝”

□曾航

曾航

我是凯文·凯利（KK）的信徒，凯文·凯利有一个著名的“一千铁杆粉丝”理论，大致意思是说，假如你是一个三流的歌手或者作家，你只要有1000名铁杆粉丝，你就能在美国活得不错。

铁杆粉丝的定义是，无论你创造什么作品，他都愿意购买，他们愿意驱车30公里来听你的讲座，他们愿意在社交网络上关注你发的每一条消息，他们迫不及待地等着你的下一部作品……

KK谈到，他们每年愿意花费自己一天的收入在你身上。假如他一天的收入是100美金，那么他就愿意一年花100美金在你身上。如果有1000铁杆粉丝，那么你一年会有10万美元的收入，可以在美国活得还不错。

我被这套理论深深打动，并且愿意用自己的努力来实践KK的这种理论。我的微信公众账号“移动观察”（微信号MobileWeb）经过一段时间的运营，有了一些浅薄的经验教训，现在希望将前一段时间的经验写出来和大家分享：

所有的经验都可以汇聚成一句话：“我需要的不是粉丝，而是铁杆粉丝。”

“移动观察”账号的起源

去年年底的时候，我在研究微信的商业化问题，想着研究这个总得自

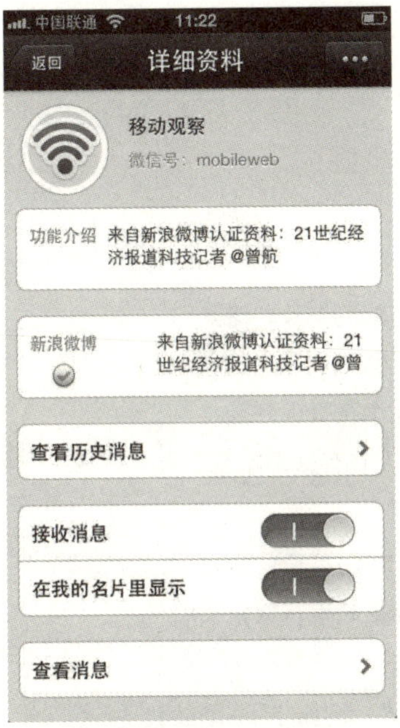

己搞一个账号来玩一下吧，于是就抱着尝试的态度办了“移动观察”这个微信公号。

此前，我一直有一个习惯，每天晚上回到家，把白天在外面和朋友们聊天中获取的有价值的内容记录下来，免得之后忘记。

后来我索性想，为什么不办一份个人的手机报，把这些信息每天推送给大家？就这样，在2012年底，我办的微信手机报“移动观察”正式推出。

这个账号的口号是，“如果你没有时间研究移动互联网，我愿意替你研究；如果你没有精力到全球各地考察移动互联网发展的最新情况，我愿意替你出去走走”。

为什么大家爱看这个账号？本质上就是因为大家都很忙，没有时间出去了解移动互联网发展的最新情况，而我由于工作的便利，恰恰有大量时间在外面接触这些信息。

我将自己定位为移动互联网从业者的耳目、腿脚。例如我近期多次到国外去考察移动互联网的最新情况，一般朋友可能很少有精力、有能力去实地考察，就当我替你多长了一双眼睛，多长了两条腿，当然，前提是你需要成为我的铁杆粉丝。

一开始，我一对一地邀请身边的朋友，关注这个账号。没想到，这份手机报的效果出奇的好。由于里面经常分析移动互联网行业的一手“干货”，我周围的许多朋友都把这个账号当做他们获取信息的重要渠道。

一些朋友告诉我，他们每天早上起床第一件事情，就是打开微信看我这个账号。有时候我一天不推送消息，就不停有人来打听，“怎么今天还不推送呢？”

这个账号和粉丝之间的互动性极高。每篇文章推送出去之后，会立马收到许多人的反馈，他们纷纷给我提供更多的线索。例如，有人会指出，我被采访对象忽悠了，他愿意提供证据证明我的采访对象的数据有造假。

我在微信后台收到留言最多的一天，居然收到 1500 条粉丝留言，粉丝们的热情大大出乎我的想象。

这种微信手机报的形式，大大加强了我和产业界之间的联系，原来可能一个月不联系一次的朋友，现在可能一周联系好几次。这对我原来的工作起到了极大的促进，公众账号的主要目的已经达到。

一个铁杆粉丝顶得上 100 个普通粉丝

“移动观察”公众号的推广，大致有以下几种方式：

一、面对面地推。我做记者期间积累了上千名关系密切的朋友，这是我最核心的用户。我通过一对一的地推把他们发展成了“移动观察”的核心粉丝。例如在一些圈内聚会上，我会告诉大家我做了这个账号，然后在座的各位马上都关注。每次出去和人见面，我都会告诉别人我有这个账号。地推（地面推广）发展起来的用户非常忠诚。

二、账号互推。“移动观察”粉丝涨得最快的时候，就是其它公众账号推荐我的账号的时候。有一天晚上，我的粉丝数居然直接翻番，原来是有一个超级大号在他的微信账号上推荐了我。

别人在推荐我的账号时，会加上一句他自己的推荐语，例如“‘移动观察’这个账号我每天都看”，等于用他自己的信誉背书，这对于推广我的账号非常有帮助。

三、专栏推广。我在“移动观察“上发的每篇文章，通常会在福布斯中文网、雷锋网、36 氪、新浪科技等网站发表，每篇文章末尾会加上我的微信公众账号的介绍，这也间接带来了不少粉丝。

四、微博推广。我的微博此前也积累了数万名粉丝，通过发微博，我将许多微博粉丝转成了微信的粉丝。

目前，“移动观察”已经积累了 1 万多名粉丝，但是我比较重视粉丝的质量，而不是数量。我的铁杆粉丝大都是通过地推的方式发展而来的，我们至少见过面、聊过天，或者至少在网上互动过一次。

我会通过一些方式检验哪些粉丝是铁杆的，例如有一次，我在上海办了一场讲座，通过微信发送通知，结果讲座现场爆满，许多朋友都从很远的地方赶来，我相信，这些都是铁杆粉丝。

铁杆粉丝带来的效果是非常明显的，一个铁杆粉丝的价值，顶的上 100 个普通粉丝。

铁杆粉丝的互动

年初，我去日本考察了一次移动互联网。在抵达日本的第一天，我用“移动观察”推送了一条消息，征询大家的意思，问下大家希望我考察哪些方面，我愿意替大家考察到。

在一个小时之内，我收到了超过 200 条回复：

“想了解一下移动广告及移动广告数据服务方面的情况。希望能发布一些，谢谢！”

“日本在手机游戏方面的代理运营条件，是否保量，是否独家，是否有版权金。比如 GREE，梦宝谷。谢谢。我之前开会碰到过他们，但想了解日本第一手资料。谢谢！”

“辛苦了，很想知道手机动漫在日本的情况”

“我想了解下日本的移动医疗的商业模式、有哪些成功的企业，谢谢。”

……

用户在后台提供的这些信息，对我来说非常有帮助，我可以大概判断大家对哪一类的话题感兴趣。我会在后台和一些用户进一步对话沟通，更深入了解他们的需求，然后有针对性地考察、写稿。

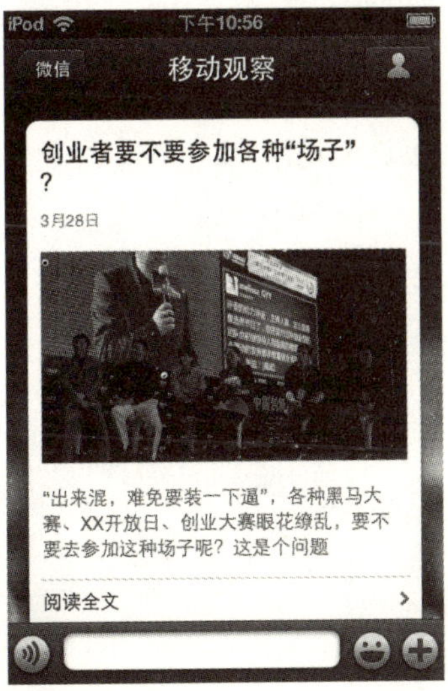

我每天大概会花费半个小时到一个小时在微信的后台和粉丝们互动，这也是我最快乐的时候。

当然，更有效的互动是通过线下的交流活动。我会经常组织一些铁杆粉丝聚会，效果很好。

自媒体如何盈利？

许多朋友问我，你这个账号将如何盈利呢？

我始终认为，自媒体是个人的附属品，而不要指望它独立盈利。如果你要想赚钱，不要把自媒体当做一个产业，因为性价比不高。

大家都看到程苓峰卖云科技的广告 2 个月赚了

13万，殊不知，有一些更低调的自媒体人，早在程苓峰之前很早就赚到了钱。而程苓峰据说在广告之外，也有许多其他的收入。

由于每个自媒体人的情况完全不同，所以盈利方式也可以千变万化。我身边许多自媒体人，都活得很不错，以下是我身边的自媒体人养活自己的几种方式：

一、咨询策划。这需要你足够专业。但收入空间很大。有一位身边的自媒体人身兼十多家互联网公司的顾问，据说年收入过百万。

二、版权输出。目前已经有多家网站愿意花钱购买好的文章，每月能获得一笔还算可观的版权收入。其中的一些内容，将来出版书籍，也会有一笔收入。

三、演讲、培训。一位和我差不多同时写自媒体的朋友，现在演讲一场的价格已经达到了1万元。

四、粉丝捐赠。如果你提供的信息、服务足够有价值，会有许多铁杆粉丝愿意捐赠的。我认为机构媒体难以收到钱，但是带有强烈个人色彩的自媒体，反而容易收到捐赠。因为粉丝们感觉不是捐给了一个机构，而是捐给了个人，他们乐于交你这个朋友。

五、广告收入。目前已经产生了自媒体的广告联盟，并且有多单广告投放进来。

除了以上这些盈利方式，将来“铁杆粉丝”将会为你带来更广阔的盈利空间。假如你的微信公众账号中有多家知名公司的CEO、重量级的投资人，如果他们都成了你的“铁杆粉丝”，会有很多意想不到的盈利方式。

我始终相信，只要你足够认真，总有一天会获得应有的回报。

（作者系21世纪经济报道资深记者、微信公众账号“移动观察”创办者，著有《一只iPhone的全球之旅》一书，长期研究移动互联网）

一只自媒体小白鼠的 37 天生存

□石扉客

石扉客

从 2 月 28 日算起，到 4 月 9 日，“石扉客 - 法政观察”度过了整整 37 天。这只立足于微信公众账号的自媒体小白鼠，在短短 37 天里已经发展到了 10854 位订阅用户。在当下多如牛毛的微信公号自媒体里，多是 IT 类和生活类，时政类自媒体相当稀少，订阅用户破万且还能健在的，更是不多。“石扉客 - 法政观察”侥幸成为其中之一，在这篇小文里，我将和各位分享在过去 37 天里饲养这只小白鼠的心得体会。

“三接头”皮鞋

2 月底向南都周刊提出辞职后，受韩寒团队的 APP 产品《一个》启发，我即开始尝试开设微信公号。《一个》简洁的产品设计也是我做“石扉客 - 法政观察”的基本理念，即，坚决做减法。《一个》是“三接头”皮鞋：一张照片、一篇文章和一个问题，我也是由“石五条”、“石壹篇”和“扉女郎 / 非女郎”三个产品组成。每个订阅法政观察的用户，都会自动收到如下一条欢迎消息：

欢迎来到自媒体【石扉客 - 法政观察】，您会看到以下内容：

【石五条】不定期奉送五百字以内精简短文；

【石壹篇】不定期奉送一篇千字左右长文；

【扉女郎 / 非女郎】不定期奉送由美女 / 帅哥担纲的福利；
查看历史文章，可直接点击账号“详细资料”。
也可直接发送任意阿拉伯数字等关键词，自动发送相关文章。
如您有任何意见，均请联系我：
在新浪和腾讯微博，您可私信 @ 石扉客；
在推特，您可私信 @shifeike；
您也可在这里直接给我发送微信。

“石五条”这个产品，是主打，也是常规产品，目前是每个工作日都发送一次，考虑到人力未必能跟上，所以先说好是不定期奉送，以留有余地。之所以弄 5 条，而不是 4 条，也不是 10 条，即从减法的角度考虑，也是读写微博的习惯。“拇指阅读”创始人左志坚建议我将篇幅控制在 500 字以内，即智能手机两屏之内（不含首页）。具体操作上，有时可能 5 条集中说一件事，比如 4 月 8 日、9 日我连续评析靖江王连章案，也可能 5 条说五件事。

总之，“石五条”的精髓在于做信息减法，我相信 95% 以上的订户，都习惯“被减法”。要害即在于信息的重要性评估。这一点，和做传统媒体，做门户网站没啥区别，都是门槛极低天花板也极高。好比《天龙八部》里的同一套太祖长拳，在不同的人手下使将出来，威力有截然区别。

而“石壹篇”，则属于沉淀型产品，为订户人群里的深度阅读习惯准备，所以实际发送时间规划为每周一篇，考虑到阅读时间，基本定在周末。内容以原创为主，也有推荐与整合，长度多为一千字以上。在品质上，要和“石五条”一脉相承。在形态上，自然是做加法，和“石五条”的减法相反。

需要多花点时间来解释的，是“扉女郎”。开始叫“石女郎”，考虑到容易被人误读，就改为“扉女郎”。设置这个产品，有两个功能。一是软化，考虑到时政属于硬新闻，需要用软性信息来中和一下，受众接受起来会更容易。二是平衡，信息多元的同时，自媒体的色彩也相对丰富一点，不是那么金刚怒目，也不是那么干巴巴紧绷绷，不至于让监管部门觉得过于危险。也就是说，在产品标准上，尽可能要求软的更软，硬的更硬。

另外一个好处是，极其有效地提高了打开指数。和微博等其他社交工具比较，微信公号最牛叉的就是有效送达率。通常有三个数字来衡量有效送达率，即到达指数，打开指数，阅读指数。业界一般倾向认为这三个指数是按照倍数递减的。比如，订户为 1 万即到达指数为 1 万，但收到后只有 5000 用户愿意打开首页，打开指数为 50%，而打开后愿意阅读完全

文的，又只有一半，即阅读指数为 25%。

我开始担心影响主题和阅读感受，将“扉女郎”放在篇末，后来听从互联网研究专家魏武挥的指点，将其提升至首页。这样，大部分订户在首页看到主题关键词的同时，也会看到“扉女郎”的局部，受双重好奇心的驱使，多会再点击打开阅读。这个环节的提升，对移动终端和 PC 终端，都非常重要。我这个首页战法，目前不少微信公号都在借鉴。

这里有几个技术问题需要解决，一是“扉女郎”的遴选问题。目前主要靠个人人脉，向泛媒体界的美女人群主动索取。很庆幸的是，到目前为止，凡我开口的，基本都同意并随即发来了玉照。考虑到资源问题，现在的做法是每位美女充任三到五次“扉女郎”。以下是目前担任过“扉女郎”的 9 位女士名录：

程钰婷，东方宾利签约模特
陈般若，蝶画创作人
季天琴，南都周刊主笔
吴婷，安徽卫视主持人
浦奕安，新华社记者
张英，上海电视台出镜记者
狼媚媚，重庆 TI 美工
杨蕾，东方卫视主持人
周雪，中国移动手机视频责任编辑

要说明的是，“扉女郎”的遴选标准其实很简单，就两个条件，一是必须获对方亲自授权，二是基本都要加上真实姓名（知名 ID）和社会身份等。也就是说，我希望提供的是一种偏新闻属性的审美产品。另外，还有一点意外之喜是，自此之后，我可以堂而皇之地当着我老婆的面和各种美女套近乎了，并自由摆弄她们的玉照了。

目前“扉女郎”都是义务工作，我能回报给她们的，无外是附上她们的微博ID,看是否多少能涨一些粉。和金庸先生一样,我一直认为在人性上，女性天然比男性高贵。所以，我非常尊敬和感谢这些女性朋友们，她们以天赋的美丽和无私的热心，参与到这只自媒体小白鼠的饲养试验中来，特别是第一位“扉女郎”程钰婷女士，和我素昧平生即慨然答应，没有任何条件。日后这只小白鼠倘能顺利养大,我想我一定要挨个来郑重答谢她们。

与此同时，这个做法从女性用户那里收到的反馈也比较有趣。一些女用户要求将“扉女郎”由标配改设为自选；还有些女性用户则提出能否给她们配发帅哥。很遗憾微信后台很难准确甄别用户性别数据，但从产品角度看，确应尽量满足用户的个性化需求。因此，从4月9日开始，我决定在“扉女郎”的基础上增加一款产品，即由帅哥充当的“非女郎”。

自此，“扉女郎”为主（每周四次），“非女郎”为辅（每周一次），两者和“石五条”、“石壹篇”一起成为“法政观察”的“三接头”皮鞋。

三次高峰

这1万多用户的积累过程中，有几次明显的增长高峰，分别是第一次微博推广、第一次地推（地面推广）和第一次微信公号互推。

除却这个微信公号外，我的另外三家自媒体是新浪微博（@石扉客）、腾讯微博（@石扉客）和推特（@shifeike），粉丝数分别为近10万、45万和近4万。3月上旬，我在这三个自媒体账号上进行了第一轮联动推广，包括微博置顶之类。这轮联推，迎来了第一轮增长高峰，用户突破两千。

3月中旬，我的几个开通了微博公号的朋友，约定同时开始互推对方账号。这轮互推，迎来了第二轮增长高峰，用户突破5千。

3月底和4月初，我应邀在暨南大学新闻学院和中山大学传媒与设计学院举办了两次讲座，主题都是以《起底王立军》为例谈转型社会中的警媒关系。我在讲座中也顺便推介了我这个公号，自此迎来了慢热型的第三轮增长高峰，直至破万。这叫地推。《21世纪经济报道》科技记者曾航曾和我聊起地推对他微信公号“移动观察”的重要作用，前述例子证明他所言不虚。

另外,3月中旬《南方周末》的经济版曾以《自媒体:没有组织的日子》为题做了自媒体的相关报道，其中以百余字篇幅谈到我这个微信公号。但根据我对报道见报当日和次日的新增用户轨迹观察，这组报道对用户增加并无明显影响。这是否意味着传统媒体的影响力日渐式微，还是传统媒体的传播链条过长所至？仍待观察。

和这三次高峰相伴随的一个到达率测验是，某篇群发失败的文章，我将它设置为“石壹篇”，并将可自动发送的关键词在次日群发的“石五条”中注明。此后的48小时内，我收到了4234个关键词（此时用户总数为8000左右）。这说明同时满足“到达”、“打开”、“阅读”三个指数的信息有效送达率，已经不低于50%。我认为这个测试数字相当靠谱，也相当令人鼓舞。

另外一个值得关注的现象是，后台监测数据表明，用户增长高峰基本伴随消息互动高峰，两者轨迹大致同构，最高峰时曾经在一天内收到过上万条消息。而且基本每天都有消息提出具体要求，比如要求点评某个新闻事件，或提出不同看法，或提供补充材料，或指正错误。这说明互动的数量和质量在逐步提高。这种互动的高效与即时，在我过去十余年报纸、杂志、电视等传统媒体生涯中从未碰到过。这种一对一的私密性即时互动，和过去BBS时代、博客时代、微博时代的公开互动也有本质区别。

三个问题

这个小小的微信公号，相当耗费精力，我基本每天要花掉4小时左右。问了下其他同道，情况大同小异，曾航说花在“移动观察”后台互动的时间相当不少，以字新闻为特色的“王左中右”告诉我每天也要花费相当精力打理。如此，可持续发展就是个问题了。对培养用户消费习惯来说，这是个至关重要的问题。

现在已有不少公号在考虑多人合作模式。如以后精力不济，考虑到品质维系问题，我可能会考虑聘请助理来做相关辅助性工作。

这37天，恰恰是我相对赋闲的时间段，不少朋友怀疑我是否以后会以打理这只小白鼠为业。这其实正是大家高度关注的自媒体盈利模式问题。魏武挥和左志坚都认为自媒体的商业模式未必能延续，至少收费模式不现实；曾航则坚信美国人的“一千铁杆粉”理论，即只要有一千铁杆粉，即可养活任何一家自媒体。

这是个很有意思的问题，这一年来，时常有商家来私信我请求做微博转发广告，也有我的微信公号用户来询问是否需要交费订阅，甚至有用户主动跑去悄悄帮我的微博会员账号续费。这些信号，很能给人以某种有想象空间的刺激。到目前为止，我的基本思路是，微博自媒体决不做任何广告（独立书评和影评不算）。微信公号在到达5万用户前也不考虑，5万用户后，如有可能，可考虑做适度硬广，也可能“石壹篇”收费，比如每看一篇，通过支付宝系统支付1元，同时通过点击关键词自动发送相关内容。

其实，时政类自媒体，最大的问题，并不是盈利模式，而是如何进行风险掌控。像“法政观察”这类，既是高风险用户，也不是微信站方的目标用户。在腾讯公司高度务实的价值观指引下，微信公众平台的站方管理也还停留在相当粗糙的地步，既无章法，也无技术。不像新浪微博，发帖和删帖已经形成一套双方都基本心中有数的套路。

因此，现在微信公号的群发审查，基本无规律可循，一大半是靠碰运气。站方之外监管方的态度，更是在未定之数。我相信他们一直在密切关注。在这种情况下，我的自我审查原则是，不高于甚至低于微博的言论口径。在法政观察的简介里，如是写道：

“你能看到的：【石五条】（做减法的每日五条时政观察）；【石壹篇】（做研判的每周一篇分析文章）；【扉女郎／非女郎】（佳丽／帅哥，沁人心脾）。

我能做到的：冷静，中立，靠谱。”

说到底，我希望提供一个时政新闻里的分析产品，纯技术，无倾向，有立场，有审美，低意识形态甚至去意识形态。这是标准，也是态度。说到底，我最担心的并不是商业模式问题，而是如何活下去的问题。如果哪一天这只小白鼠真横尸街头，既非我所愿，自也愿赌服输。

（作者系南周周刊前编委、自媒体“石扉客－法政观察”创始人，微信公号：shifeike-reporter）

关于自媒体的九个问题

□程苓峰

程苓峰

这一段时间自媒体老被议论。尤其一些投机起哄的、不懂装懂的杂在其中，有点乱。作为一个身体力行的自媒体，我也来说一说。

对任何一个有本质创新的事物，别高估它初期的力量，也别低估它长远的力量。

一、自媒体最佳战场是微博还是微信？

当然是微信。因为微信是相对私密的，也正因为此，微信有一个不同于公开性的微博的设计：每个帐号每天只能发 1 条信息，以免频繁打扰用户。这个设计就要求媒体必须发最精华的内容。数量多少没得选了，质量是唯一的决定因素。

而当自媒体与媒体组织竞争时，因为一个人 PK 几十个人，所以创造内容的数量上一定是吃亏的。自媒体由于其自由度高、创意不被阉割，所以质量上是有可能胜过媒体组织的。当然，只是有可能。

在微信上，比的是“单点浓度”。在微博上，比的是“多点广度与平均浓度”。为什么微博上比的是“多点”。因为在微博上发信息数量不受限制，所以总有发尽量多的信息的动力，去抢占头屏，和尽量多的用户时间。这样人多势众的媒体组织就有优势，而只有一两个人的自媒体在量上就落败了。

打个比方，微博就好比平原，微信就好比峡谷。平原上作战需要兵力对等，敌方一字排开，我方也要一字排开，如果我方只有一个人，无论这个人多强，对方的几十人包围，我首尾不能兼顾，必死。峡谷里作战的特点是一夫当关、万夫莫开。敌方人数再多，也只能排成一个纵队前进，我只有一个人，但只要足够强悍，来一个杀一个，就能守住关隘。

二、韩寒的《一个》、《蛮子文摘》、虎嗅是不是自媒体？

新媒体和自媒体被混淆了。凡是利用新的传播手段，尤其互联网和微博、微信、APP，新成长起来的媒体，都是新媒体。这是我的定义。所以从36氪、到蛮子文摘、韩寒的一个、虎嗅、钛媒体，都算新媒体。本质上，它们抓住互联网取代纸媒、电视作为信息渠道的机会。抛弃老渠道，自己成为新渠道。

只有单个的个体作为创造内容的主体、并且独立获得用户的才能叫自媒体。有点像罗振宇说的“人格体”。所以韩寒的《一个》、《蛮子文摘》都不是自媒体。它们都是十来个人的团队，跟报纸、杂志一样的集体决策和运营。韩寒和蛮子只是个主编或者投资人。

这个区别重要吗？当然重要。一个人的创意是不会被阉割的。但一个组织的运作就必然以创意被阉割为代价。是单挑还是群殴，这是两套玩法，两套规则。世界是公平的。自由和创意，协同和规模，不能兼得。

给虎嗅、钛媒体投稿的人算不算自媒体？我觉得不算。因为自媒体要独立获取、抵达用户。给虎、钛投稿的人要受制于它们的编辑是否认可，然后才能抵达虎、钛的读者，而不是投稿者自己的读者。这跟当年博客跟门户的关系类似。

自媒体的英文叫we-media。我认为有三层含义：第一，我们自己创造和筛选内容。第二，我们自己也是读者，直接获取内容。第三，我们自己也是渠道，相互推荐内容。这是一个生态。

自媒体跟社会化媒体是一枚硬币的两面。社会化媒体上的个体，就叫自媒体。自媒体的集合，就是社会化媒体。所以薛蛮子的微博是自媒体，但《蛮子文摘》就不是。《蛮子文摘》是薛蛮子这个自媒体打下知名度后进入的传统形式的媒体。

不是自媒体并没什么不好。不是自媒体自然会少去自媒体与生俱来的缺陷。所以这里只是下定义。不要混为一谈。没有判断谁优谁劣。

三、意见领袖还是记者更适合做自媒体？

我认为是记者。

一般而言，意见领袖都有自己的工作，做自媒体、在微信和微博上说话说都是业余时间，而且他说的都是自己的见解。这就导致他投入的时间，以及见解的新鲜度是有限的。一个人的思维高度是一定的，要维持长久的“料”是艰难的。

记者与意见领袖的不同是，记者是以媒体为生，他投入所有的时间，他是采访别人的观点、参加发布会，在保持新鲜度上是相对容易的。做媒体，“新鲜”才是长久之计。

所以，我又尤其看好“能干记者活的意见领袖”做的自媒体。比如把自己工作中获得的行业消息发布出来，比如隔三差五跟行业的人聊聊天再写下来。这就保证了既有新鲜又有专业。

四、记者做微信公众帐号还来得及吗？

有一位认为“为时已晚”的记者对我说：象云科技这样的强势帐号已经崛起，我们做新的帐号已经晚了。

我则认为，不晚。微信不同于微博。微博上发消息数量可以无限，而且转载抄袭比较随意，所以一旦大号确立在某个人群的地位，就能像黑洞一样吸干其它的资源。小号好不容易原创一点东西，就被人转走，自己难以吸纳用户。

微信上则是一个帐号每天只能发一条

信息。这条信息属于高质量的，是必读信息。那请问，在某个行业里，是否每天只有一条必读信息？当然不是。我认为一个优秀的记者就有能力每天自己出产一条必读信息。坚持半年，就一定能获取数万用户。而且由于微信圈子的高活跃，就算这半年的积累期，好内容也一定会获得相应的关注和影响力。

换句话说，微信的“一天一条”的设计阻止了大号成为“资源黑洞”的可能。所以只要有好货，一个新帐号就能崛起。更甚至，微信用户对订阅帐号的要求是非常高的。所以如果大号不能保证质量，被用户抛弃的可能性非常之大。

五、广告靠谱吗？

作为全职记者，收入是一个致命的问题。

那些行业人士，甚至象李开复、雷军这样的大腕，并不需要直接从自媒体里套现。他们都是用自媒体的影响力间接地从自己的主业里套现。比如给自己的产品做个广告。他们可以称为“兼职自媒体”，而只有记者这样的“全职自媒体”才有迫切的直接套现的压力。

云科技卖广告，3个月，15个广告主，总价20万。但这确实难以复制。敢买自媒体广告的公司还少，这样少的量基本会被品牌好、质量高的头几家自媒体瓜分，轮不到太多的后来的自媒体。但这是暂时的。

长远而言，对于自媒体的广告一定会多起来。因为势所使然。

一本实际发行量只有一两万、却号称有几十万去卖广告的杂志每年会有上千万的广告收入。一家首页流量只有十来万、具体单篇文章只有一两万点击的门户科技频道，每年会有数千万的广告。它们的实际CPM会高到数千、上万人民币。只要从它们手里分出来1/10，1000万，就能养活几十个自媒体。

如果你要问：自媒体凭什么跟杂志和门户抢广告？我的回答是：云科技的内容质量、用户数量、用户质量、占用户的时间、对主流人群的影响力丝毫不亚于、甚至要远高于大部分这个行业的现存媒体。云科技能做到，我相信至少还有10个云科技可以做到。半年以前，还有一位杂志的同仁跟我争论自媒体的“不可信”和“不可持续”,但现在他已经辞职投身自媒体了。

所以我一直呼吁优秀的媒体同仁跳进来。一个云科技难以撬动广告主的走向，但10个云科技一定可以。只有潜在的盘子大了，才可能有专业的第三方公司来建立衡量自媒体影响力的指标体系、来包装自媒体、来把成熟的广告主引入这块地。

云科技的 20 万广告只是证明了一个可能。也已经证明了一个可能。如果有 10 个云科技出现，就能把这个可能变成大面积的现实。

六、美国的“赞助内容”是否可学?

没广告能不能活?

《福布斯》杂志、《华盛顿邮报》、《赫芬顿邮报》、《大西洋》月刊、BuzzFeed、Business Insider、Mashable 等知名的网络出版物都曾发表过某种形式的“赞助内容”。也就是，赞助的公司拿钱给媒体，要求其撰写某个领域或者某个产品的新闻或评论。但媒体不会直接评价或赞同该赞助商的产品。而且，“赞助内容”属于内容，而不是广告。

说白了，就是赞助商出钱买的是媒体对某个领域的关注，但并不干涉媒体的态度。相当于竞价排名，买的是媒体的时间。

随着广告的减少，这种收入越来越多。据说 Mashable 员工平均每天会写 5 - 8 篇较短的赞助内容，而这一系列文章的赞助费已有数十万美元。

我觉得，今天中国的媒体基本都做过这种“赞助内容”，相当一部分收入都是从此而来。这跟一般公关讲的“软文”的区别在于：软文要求你对我的产品有“正面”的态度，但“赞助内容”不要求。

如果有机会，自媒体可以用这个养活自己。

我也跟一位创业者建议，做一个“赞助内容”的平台。有点像新闻领域的众筹（KickStarter）。我是一个自媒体，我想要写一篇关于互联网黑公关的文章，如果你想看，就捐钱给我，只要圈钱总额达到比如 1 万块我才开始写。如果我写得好，你以后就继续捐赠我其它文章，如果我写得不好，你就给我差评。

我相信这是个有潜力的、很适合自媒体的方式。

七、读者付费靠谱吗?

我觉得靠谱。如果云科技在微信上收费阅读，每个月 5 块，你是否愿意交费? 你是否愿意支持我一把? 如果云科技的 4 万微信订户中有 5000 个人愿意，就是 2.5 万。我可以每周炖一次燕窝了。

至于不愿意交费的。就推迟 3 天才能看到文章。这样也保证文章的辐射面不受伤害。

但对于特别喜欢云科技的读者，赚他 5 块又太少。可以做“打赏”，像起点中文网那样。一篇文章实在太爽，打赏个 100 块给小程同学炖个燕窝补补身体，个别老板是乐意的。

打通了收入这个环节。自媒体就会如雨后春笋。建议微信做这个尝试。

八、自媒体更容易无节操？

是一个人更容易无节操，还是一个组织更容易无节操？我不想争论这个问题。原因之二是，扯不清楚。原因之一是，这个问题根本不重要。

因为我认为，自媒体一定会促进整个媒体和行业的透明、公正。无论是一个人还是一个组织，只要垄断了就会邪恶，就会无节操，但只要被制衡了，就会不那么邪恶，不那么无节操。因为你一旦被识破，读者就用脚投票了。

社会的透明不依靠媒体的自律，而依靠足够多媒体的各有立场。A 派系的媒体攻击 B 派系，B 派系的媒体攻击 A 派系，都无所不用其极。结果就是，A 和 B 的丑陋都被揭露了。

而自媒体是最能加剧媒体业百花齐放、加强制衡传统媒体的力量。架不住人多啊。

一个自媒体一个月 1 万广告就活了。一个 40 人的杂志一个月得 100 万广告才能活，不仅有工资，还有房租、水电、招待费、社长主编的各类花销。1 万块受到的广告主的制约，要远小于 100 万块受到的广告主的制约。假如 1 万块的广告来自一个广告主，而 100 万的广告要来自 10 个广告主。那么就有 9 个企业是自媒体能骂而这个杂志不能骂的。

当媒体足够多了，每一家的影响力都相对小了，那么被企业收买的可能性就小了，即使要被收买，贿赂金额也就小了。

而当靠谱的自媒体足够多以后，那么企业要贿赂它们的成本就极大，所以就只能不贿赂。而且如果都贿赂，就算只有一个自媒体就是不买账要爆料，再借助社会化媒体扩散，那所有的贿赂就泡汤了。自媒体会挤压灰色公关的空间。这是最终极的结局。

九、如何衡量自媒体影响力？

前一段在腾讯一个论坛上被问到这个问题。传统的 UV、PV 以及粉丝数肯定是扯淡的，因为越下作、越愤青，眼球就会越多，那跟影响力无关，尤其与对主流人群的影响力甚至是负相关。

我当时提出了一个指标：在你微博的粉丝中，有多少粉丝的粉丝数是1万以上。换句话说，你的高质量读者的多少是一个衡量影响力的指标。而高质量读者的衡量指标是他的粉丝数是否过万，或者过10万。

但到了微信，这招就没用了。微博信息是公开的，而微信信息是私密的。拿不到数据。

艾瑞咨询南方区总经理吴畏上周在他的微信朋友圈和群里做了个调研，看哪个微信公众号的订户多。结果依此是云科技36%，36氪 21%，ZTTalk、小道消息、移动观察都是18%。从这个数据可以看出一点问题：

云科技的真实订户是比36氪和小道消息少。但为什么调研结果却是最多？这就佐证：云科技、36氪、小道消息针对不同人群。吴畏的朋友圈正好是云科技瞄准的人群，所以数据就高。云科技的目标用户，应该是行业的互联网的中高层管理人员，而不是技术、电商、游戏等等。

微信是一个强打扰的渠道。用户订阅一个帐号是非常信任的表现。所以微信是一个小众的、针对性极强的媒体。就是都在互联网行业内，不同帐号之间依靠用户数来对比都是片面的。

所以衡量自媒体在微信上的影响力的几个结论是：第一，贴标签，比如技术、产品、还是市场，游戏还是电商，大众还是高端……在标签的基础上用户数、打开率、分享率等的数据对比。第二，做调研，比如针对产品圈，挑活跃的行业里的产品人士，请他们在其私人帐号里做调研，这样得来的数据是比较靠谱的。

其实这个圈子很小。谁有影响力，大家心知肚明。

（本文始发“云科技”微信公众帐号，作者授权本刊独家转载）

对微信自媒体的四点思考

□许维

许维

个体户的回归：从自媒体到自商业

个体户自古有之，而且在很长时间里是经济的主体，占据了人类历史的绝大部分时间，直到最近 300 年才开始发生变化。蒸汽机的出现带来了工业革命，工业革命则催生了资本主义。资本，第一次超越了人本身，成为最有价值的生产力。分工，则把一个完整的人，分成了一道道工序。个体户的时代结束了，公司的时代到来了。还好互联网时代又来临了，它带来的不是更紧的枷锁，而是打开这道枷锁的钥匙。

在工业时代，个体户之所以无法与组织对抗，很关键的一个原因是个人难以解决信息不对称的问题。而在互联网时代，获得信息和传播信息的成本急速下降，以至于在营销这件事情上面，个人和组织相比并不处于劣势。

举个简单的例子，以前如果我要维护 10000 个用户，每次通知他们上新或者促销，我需要付出多少成本呢？如果是发 DM 信件的话，可能一个客户的成本就是 2 元钱，每次要花掉 20000 元；如果是发 email 或者短信的话，那么可能费用会在 1000 元左右。但如果是通过微信群发呢？成本是 0 元！这样一来，个人也完全可以维护 10000 个客户了，组织即使钱多，它也并没有比个人厉害多少。

在工业时代里，组织的两条护城河——大规模制造能力和营销能力——到了信息时代都将变得不算是什么优势了。首先，消费者正在越来越热衷于个性化的商品而非千篇一律的标准化商品；其次，营销这场游戏的规则发生了变化，那种仅靠资本就可以垄断传播资源的年代已经过去了，创意对于营销的重要性超过了媒介，所以我们可以看到像@马佳佳powerful这样有个性的90后女孩子可以凭借一己之力通过微博把自己打造成公众人物。

伴随着互联网大幅降低我们的营销成本，依托于个人一技之长的“自商业”出现了屌丝逆袭的可能性，个体户换了一个名字又回归了。当然，我并非说这会是未来商业的主流力量，但是它确实会让一些天赋异禀的人可以自己养活自己。

微信不是媒体，它是资产

有不少朋友都问过我这样一个问题：“当年微博刚出来的时候，一大群人都说微博如何如何重要，现在微博我还没用好呢，又出来了一个微信，我看它跟微博一样，也是热乎两年就过去了吧。”

这是一个非常好的问题，它直接关系到我们是否要增加一笔不菲的市场预算。我的看法是：“我们确实应该思考是否要经营微博，但我们不需要去思考是否要经营微信，每个企业都应该做微信，因为它将是我们的一项重要资产。”

几十年以来，我们一直把花在营销上面的钱视为一项“费用”而非“投资”，这是非常合理的。我们认为我们是在“购买”电视广告、杂志版面、网站Banner、Google的关键字、微博的转发，但事实上我们是在“租赁”它们。如果是购买的话，那我们会留下一些东西，但事实是只要我们的广告费一停，流量也马上就停止了，这不是租赁是什么呢？

“租赁流量”是媒体行业几十年不变的商业本质，包括微博。它们靠低价或者免费倾销自己的内容给消费者，建立它们和消费者之间的联系，企业如果想要快速地建立与消费者的联系，就必须要付钱给媒体这个中介人，租赁他们的读者。

企业必须要这么做吗？必须，因为找不到更好的办法来接触消费者。这是一种很有效的与消费者建立关联的模式吗？不是，但是因为受技术所限，只能如此。

所有企业都希望可以跳过媒体，直接和自己的消费者建立联系。我们也有一些现成的工具，比如 DM 信件、电子邮件、短信群发、语音电话，但是都有着非常显著的缺陷。DM、电子邮件、短信群发基本上属于“广播”的传播范式，用户的反馈成本很高，企业管理这些反馈的成本也很高。语音电话虽然足够互动，但是它又没有广播的传播效率。

在微信出现以后，一切开始变得不同了。爱范儿的创始人 Wilson 曾经想自己建立一个 CRM 系统来管理所有的读者，就在刚刚要启动的时候，微信推出了公众平台。Wilson 作为一个科技媒体人，马上敏感地意识到他没有必要自己做 CRM 系统（客户管理系统）了，微信公众平台就是一个免费而且好用的 CRM 工具。

一个 CRM 工具必须具备三个要素才能发挥出作用：第一要可定位，就是说你有没有用户的联系方式，比如电话、Email 地址、QQ 号等；第二要可联接，就是你能不能通过有效的通信手段来联系到他，比如信件、邮件、文字短信、彩信等；第三要可反馈，就是你的用户能不能反过来向你传递信息。

这三个要素微信全都具备。当用户通过扫描你的二维码添加你为好友的时候，他就可以被你定位到了；微信本身就是通信工具，而且无论文字、图片、声音、链接、地理位置都通杀，可连接性非常强大；微信提供了公众平台，你可以在 PC 上管理用户发过来的信息，可反馈性也非常好。

更重要的是，微信公众帐号在发送信息时是一个“广播”，而在接收

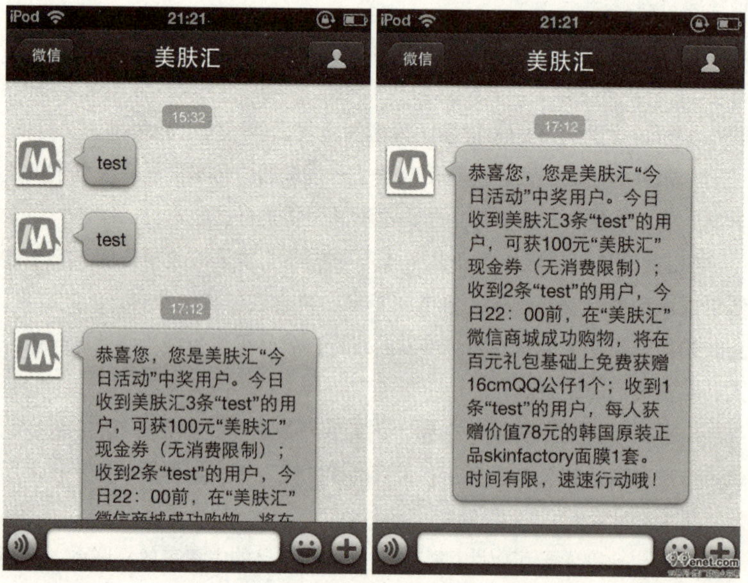

信息时又是“一对一”，这种传播范式对于企业的 CRM 工作来说简直堪称完美。

在移动互联网时代，我们终于有可能经营用户了。机主与手机基本上是一对一的关系，一旦当他登录了某个 App，他就可以基本上永远保持在线状态，这样你就可以识别他、联络他。只要你曾经和他联系过一次，理论上讲你就可以长久地和他联系。如此一来，你可以直接找到那 50 个你需要的 UV，而无需为了获得这 50 而浪费掉另外的 50。

微信不仅是一个 CRM 工具，它本身还是一个用户数据库。以前，我们使用 DM、Email、短信做 CRM 的时候，数据库和通信工具是分开的，而在微信里二者则合一了。因此，当我们推广我们的微信公众帐号的时候，我们其实就是在积累我们的用户数据，它本质上就是我们的一项资产。

我的论述逻辑可以归纳为：微信公众帐号订阅者 = 潜在用户 = 资产。不要把经营微信视作简单的营销行为，而要把它视作积累资产的过程，为它所付出的钱不是费用，而是投资。所以，每个企业其实都值得来做这件事。

微信营销：忌贪多求快，互动最重要

既然微信不是一个媒体，那么我认为我们要做的第一件事，就是彻底抛弃我们熟练使用多年的营销思路和方法，从零开始，从常识出发，想想应该怎么来玩微信。

1. 忘掉“营销”

以前，利用媒体来进行营销，搜肠刮肚的想些吓死人的广告语，花重金请美女明星露美腿做代言，天天恨不得 24 小时地毯式轰炸。

但在微信里可不是这个概念。每个公众帐号，都是用户的一个“好友”。你的好友会给你没事儿发广告玩儿吗？不会，所以你也不能那么干，否则你不被删除才怪。

做微信营销，必须得学屌丝泡妞，要智取，不能强攻。你的第一诉求是不要被用户取消关注，凡是会引起用户反感的事情都不能做，比如赤裸裸地发广告、每天定时骚扰之类的。

另外，屌丝泡妞失败的一大重要原因是：你以为你为女神做了很多，其实那根本不是女神想要的。所以，做微信营销切忌从自己角度出发，发些你想让用户知道的东西，而要给用户他们需要的东西。而且，还要把握好时间节奏，该出现的时候出现，不该出现的时候老老实实呆着。对于绝大部分帐号来说，一个月群发一次消息我觉得都够用。平时干啥呢？回复用户发来的消息吧。

如果你像招商银行、南方航空这样，有比较强大的技术开发实力，那么开发一些用户喜闻乐见的功能也是极好的，这样你的公众帐号就不再那么容易被取消订阅了。

2. 要多个媒体协调配合

微信在到达率方面确实无人能及，但那是对于已经订阅你的用户来说的，如果你要发展新订阅用户的话，那很抱歉，微信并不提供这样的服务。而且，我们可以看到微信官方其实是在主动抑制这种“拉粉”行为的。此前一段时间有些大号开发了一键关注功能，还有鼓励用户转发到朋友圈的功能，结果都被官方封杀了，严重的直接删号。据我判断，官方的意见应该是：微信是一个纯粹的通信工具，而不是类似微博那样的媒体平台，它不鼓励流量运营。

因此，要做好微信营销的前提是，你得先通过其他的媒体渠道来给微信引流。核心思路就是一句话：“在所有可能的地方展示你的二维码和微信号”。比如说你的产品包装上，你的广告上，你的官方网站上，你的微博上，通通都写上微信订阅办法吧。

3. 不要贪多求快

千万不要一上来就追求订阅用户的数量，类似送 iPhone 求关注之类的事情就不要做了，订阅人数没有那么重要。一个用户一旦添加了你的公

众帐号，那起码说明他不讨厌你，否则他不会付出扫描、手动输入帐号这样的成本来关注你，这是对于用户的一次筛选，沉淀下来的都是忠诚用户，他们的数量本身就是少的，是不能和微博粉丝数进行横向比较的。你的微信订阅用户数，最好和你所能提供的服务相匹配，否则就应该放慢一下速度了。

4. 互动十分重要

千万不要觉得回复用户的留言很麻烦就不去做这件事情，或者弄个聊天机器人在那里应付了事，那其实非常得不偿失。

我自己经营这个“THE ONE@许维”的帐号时，一直尽力回复每个通过手机艰难敲字给我的朋友。其实，愿意花时间来回复公众帐号的的用户占比非常小，我估计也就是百分之个位数的概率，一旦他回复你了，那就说明他是你的重度关注者，我们难度不应该重视他吗？你耐心和他平等的聊天，那你其实很容易就可以把他转化成你的忠诚客户。

微信下一站：App store

最先关注到微信的，十有八九是嗅觉敏锐的媒体人和市场人，于是我们看到诸多媒体都开通了官方微信，比如天下网商、爱范儿、36氪等等，也有许多商家在自己的店铺里挂上了微信二维码，吸引顾客扫描添加。

没错，微信确实是一个营销利器，但是如果我们仅仅从媒体和营销的角度来理解微信，那一定就太小瞧了微信。如果说在传统媒体时代“传播即营销”的话，那么微信上你可以“传播即服务”。

如果你是一个电商，那么恭喜你，你不仅可以在微信上面发布促销广告，引导用户到你的淘宝店去买东西，你还可以直接在微信里面卖东西；如果你是一个餐馆老板，那么你可以用微信来实现订餐，扩大你的销售渠道；如果你是航空公司，那么你可以通过它来让旅客完成在线值机；如果你是银行，那么你可以让客户通过微信来查看余额。

我所说的这些并非设想，它们已经实实在在来到了我们身边，而且还有一些应用是让我们看到会大叫一声“哇”的，接下来我们一个一个来看。

1. 作为媒体的微信：天下网商

开始的时候我们把微信视作为网站引流的工具，因为当时公众帐号最多只能发布800字的内容。后来，微信官方放开了这一限制，于是我们就直接在微信当中进行全文输出，这种改变极大改善了用户的阅读体验。我们认为微信本身其实就是一个媒体渠道，它并非是网站的附属。随着微信用户数和用户使用时间的上升，也许未来媒体的官方微信会超过官方网站成为更大的一个发行渠道也说不定。

2. 作为促销工具的微信：唯品会

唯品会的卖法非常类似媒体，它每天都会上新一次，就好像一份“日报”一样，每天卖的东西都不同，因此唯品会的用户习惯于每天像看新闻一样去看看又上了什么新东西。

有了微信以后，唯品会每天会把新品的网页链接通过公众微信推送给用户，这对于那些原来要自己登录网页来查看信息的重度消费者来说，可以说更加傻瓜、更加方便了。

3. 作为电商的微信：美肤汇

美肤汇是被媒体报道过的第一个直接通过微信来卖东西的电商。由于微信目前尚未提供支付功能，因此美肤汇只能采取一些变通的方式来完成订单。买家只需填写一个手机号即可下单，然后美肤汇打电话给用户索取收货地址，付款方式为货到付款。

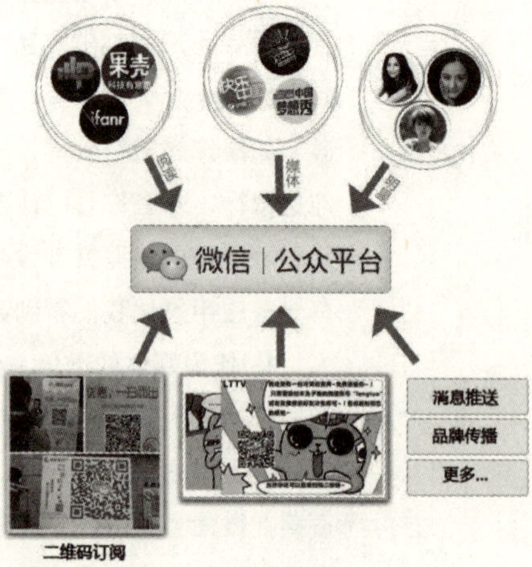

虽然微信对于电商的支持现在还非常初级，但是笔者认为这只是一个时间问题，去年就有新闻称财付通会实现与微信的打通，一旦支付功能解决，不用跳转而直接在微信内完成购物就可以实现，未来微信有可能会成为最重要的移动电子商务平台。

4. 作为客服的微信：招商银行信用卡中心

只要添加“招商银行信用卡中心”为好友，按照系统提示把微信和信用卡进行绑定，就可以通过回复特定数字来完成查询了。例如回复 1 是查询账单及额度，回复 2 是手机还款，回复 3 是查积分等等。

5. 作为服务的微信：中国南方航空

在南方航空已经把微信值机做出来之前，我真的没有想过微信可以这样来用。旅客只要把自己的身份证号或者票号通过微信发给“中国南方航空”公众号，就可以完成值机了！这真的太方便了。在这个例子当中，微信成为了一个服务工具。

6. 作为交友工具的微信：对爱

这个公众号非常有趣：你通过点击“位置”按钮，把你的位置信息发给“对爱”公众帐号，它就会给你回复一个你附近的有交友需求的异性（也可以是同性，默认为异性）给你，有 QQ 号、微信号、照片、择友要求等信息。

对爱是一个交友网站，据说以前做过网站、做过 App，一直不温不火，结果在微信上面开发了这个公众号以后，很短时间里就累积了近 10 万的用户。

7. 作为娱乐工具的微信：点歌台

在“点歌台”微信公众号里，我们直接回复歌手的名字或者歌曲名字，它就会下发一组链接，打开后直接就可以在微信里播放，我们还可以把歌发送给好友收听。一个公众帐号，竟然干了音乐 App 的活。

8. 作为会员卡的微信：微生活会员卡

微生活会员卡就做两件事：第一，帮助商家引流，它相当于是一个内置于微信的卡包，消费者出示一下微生活里面的电子会员卡，商家就可以给打折或者送其他赠品之类的；第二，他们帮助合作商家开通独立的微信会员卡，从而让商家可以积累属于自己的微信用户。这个微生活的公众帐号和普通的公众帐号在后台上有所不同，它提供了一套 CRM 系统，可以让商家很方便地管理用户，当然，这是收费服务。

9. 作为同步工具的微信：我的印象笔记

在微信升级到 4.5 版本以后，用户终于可以收藏自己喜欢的文章了，不过这个功能不是微信官方自己提供的，而是通过开放 API 给印象笔记实现的。我们只要添加“我的印象笔记”公众帐号，在当中按照说明设置好我们的帐号（目前只支持中国版帐号），就可以开始收藏了。

使用方法：当我们看到喜欢的文章时，可以通过长按链接或者点击文章右上角按钮的方式找到印象笔记的图标，点击一下就可以保存。

10. 作为语音助手的微信：语音提醒

“语音提醒”是微信 4.5 版本里由官方推出的公众帐号，用户可以用语音对它说一段话，比如“明天早上8点叫我起床”，系统会自动识别语音内容，并下发一条确认信息。到预定的提醒时间时，微信会发出铃声，并且播放用户当时所说的那段话。

看了我上面所列举的这些案例，您应该对于微信能做什么有了一个大致的了解了。尽管在现阶段这些帐号做得还比较初级，用户体验也不是那么完美，但我们要看得更远一点，微信团队正在不断完善这个产品，针对微信平台的开发者也在不断的加入进来。我相信在两年之内，微信平台一定会出现类似现在Appstore这样繁荣的局面，各种有特点的公众帐号一定会被开发出来。

因此，我们千万不要简单地把微信公众帐号看作是一个免费发广告的工具，那就太小看它了，App才是它的高级形态。

（作者系i天下网商 i.wshang.com 主编，个人公众微信：xuwei0418）

自媒体要把握三种平衡关系

□张华

张华

不知道“自媒体”这个词是谁发明的，但现在大家俨然把微信公众平台视为自媒体的最佳甚至唯一平台。自媒体的火爆，坊间看客所持意见各有不同，有人说这会是一场持久的革命，有人则发出“你全家都是自媒体”的戏谑之词。任何事物都不是非左即右的，笔者想说的是利用微信公众平台做自媒体，需要把握的三种平衡关系。

一、内容品质与发送频率的关系

这是个旧话题，但值得老生常谈。做自媒体必须有一颗敬畏之心。要为每一篇文章甚至每一个字负责。许多自媒体人在谈论甚至嘲讽传统媒体的没落，可昨日黄花也是有可借鉴之处的。比如对消息源的求证。

没错，微信公众平台推送评述或观点性文章，如果逻辑成立，即使角度有些怪异，文本有点粗糙，也不会受到什么批评，本就是一家之言嘛。但我确实看到过个别文章，消息来源不明，捕风捉影，引用的一些材料也没有经过考证，就娓娓道来。

质量稳定，口碑不赖之后，推送频率成为要考虑的一项事宜。想做成品牌，就要爱惜自己的羽毛，宁缺勿滥。如果觉得力不从心，千万不要硬撑着每天都写，或者东拼西凑、滥竽充数。不要给自己戴上道义枷锁，说什么“要对粉丝 / 订户负责”什么的，现代人患的是信息焦虑症，大家追随的是好的内容，而不是偶像。

其实做任何事都要首先考虑质与量的关系。9 年前笔者在学校读研，刚开始写经济评论时一天一篇，因为那时是无名小卒，所以一稿多投，不到一年，最多的时候一篇文章先后发表在了近 20 家媒体，那个开心。后来，果断决定转变策略，因为意识到自己虽是财经专业，但以后八成会做媒体。那么重要的不是稿费，是成长，是口碑，遂转而只为三五家影响力大点的媒体写专栏，收获更丰，至今庆幸。

二、个体与联盟的关系

这里所说的联盟至少有三个方面的意思。第一，自媒体是一人主政，

还是团队合作；第二，自媒体是完全独立，还是与一些机构或企业达成了某方面的共识；第三，不同自媒体之间的联盟。

对于第一点，个人不主张“一个人的媒体”的形式。因为容易闭门造车容易孤芳自赏，同时也不赞成超过三个人的自媒体。两个人，或一个半，最好。两个人的，如曾航 + 庄明浩，前者媒体人出身，后者为创投人士，这样的组合甚好；而所谓“一个半”，就是再找一个视野开阔的助理——不是复制粘贴式打杂的，而是“内容特助”。譬如在你想谈一个话题时，他能和你碰撞，至少把业界其它观点整理呈现、点评。说白了仍是尽可能增加自媒体的客观属性，减少过强的个人情绪。如果做自媒体的本身就是媒体人，则更要注意这一点，我们不能成为自己反对的那种人。

与机构或企业合作的方式我认为不妥，或者说，多交流或松散型合作无妨，但紧密捆绑无益。笔者这些年在南方周末一直是做财富人物报道，5 年前的第一本书是与胡润合作的。现在是否可以与胡润达成战略合作关系，做一个“财富自媒体”。我认为不合适，也不会这样做。自媒体之所以被称为自媒体，是因为他打破了一切的话题霸权，形成了一个群岛社会，每个人都是岛主。同样，不同自媒体间的“联盟”也要慎重。现在的联盟形态多是互相推介公众号，比较简单。但即使如此，也是在互相背书。

三、情怀与市场的关系

做自媒体的同学大都是有情怀，也是聪明的人。可情怀和聪明有时会产生冲突。譬如研究一家公司，原本可以更深入一些，更专业一些，但碎片化的信息洪流和快餐式的消费节奏让一切打折。虽不至于浅尝辄止，但你心里知道其成色原本不应如此。可你说，没办法，得“适应”市场：“我知道读者需要什么，况且我不是经济学家不是咨询公司不是券商研究员，我要考虑时间和精力的投入产出比”。说的也没错，但我觉得不能完全迎合外面的世界。实际上我们有的时候低估了读者的专业水平，有的时候则武断地对读者阅读习惯标签化。换句话说，如果一周你创作 4 篇文章，希望其中一篇真正沉下来，做成如传统媒体的“头条”或“深度报道”。这是在给自己交答卷，更是在避免丢失一个好习惯。

情怀和市场的另一层关系，是关于爱好与变现。因为程苓峰等一些人已开始有进账，许多人跃跃欲试，信心十足，觉得自己也差不到哪里去，这感觉就像大跃进。先不说禀赋的差异，积累的深浅，至少直接冲钱而干自媒体的同学，99% 都没有戏。我们看到的那些腰包鼓起来的自媒体人，不是微信让他们发了财，而是微信让他们更容易发财。没有微信，他们一样可以找到靠谱又体面的变现渠道。天底下的事情大都是水到渠成的，既是爱好，找准定位，用心耕耘，总会开花结果。患上“微信渠道迷信症”的结果，轻则让自己内分泌紊乱，重则砸了自己之前打造的小招牌。

说了这么多，有些班门弄斧。因为我自己并没有做自媒体。我也考虑过，因为我之前在纸媒上的观点类的“产品”形态——《南方周末》上的“旁观富人圈”系列、《上海证券报》上的“愚者一虑”专栏，以及《周末画报》的“荷尔蒙经济学”随笔等，主角都是中国企业家，分别写他们的财富观，商业技能以及“后院”生活——若转移阵地打个组合拳，做个微信公众号似乎也可以。可我始终没想明白我这样做到底是为了什么。即使未来有广告商感兴趣，我也担心自己的精力不足。可能我在传统媒体呆惯了，对写作常有着该死的仪式感，节奏一快，就容易事倍功半。从这种意义上来讲，我非常佩服那些天天能写一大篇文章的朋友们的韧性。

不过我确与几个搭档经营着一个微信公众号（YouthMBA）——少年商学院。这和我之前安身立命的专业无关，而是一个有着半公益色彩、关于青少年启蒙与创新教育的平台。我看到听到周围所有的人都在感慨国内的教育，包括这些年我的采访对象——那些大佬们。今年春节的时候我想，能不能做一个牛叉的教育博客，同时做一个微信公众号，专门提供国内外关于青少年创造力方面鲜活的资讯及现身说法。于我而言，一来做这个与我先前从事的新闻行业皆具有启迪民智的功能，有些理想主义色彩，但是

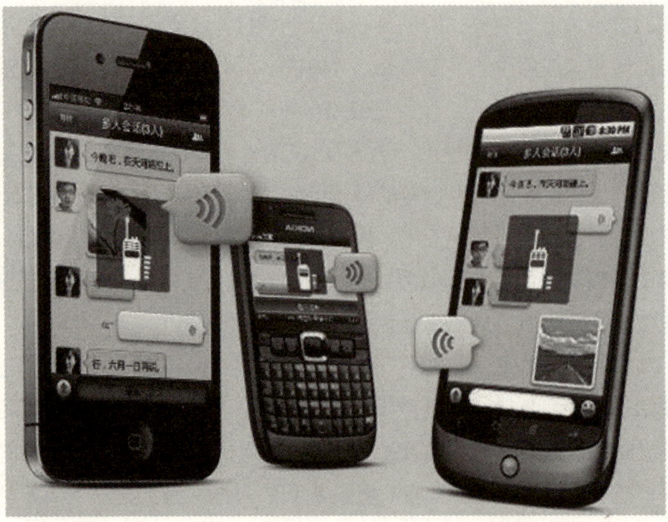

让你内心丰盈。二来也是因为两年前我升级做父亲后，也在考虑孩子未来的培养方式和教育问题。

我先后找到在香港、台湾和美国及欧洲共5位朋友，说了我的想法。大家一听很有兴致，分别负责提供自己所在地区或国家这方面的内容，并轮流做微信公众号的值班小编。朋友们的野心比我大，建议未来除了正常的青少年思维启蒙的内容之外，至少再做三个系列，一是国内外100位创新教育名家访谈，二是100位国内外各界名人育儿经访谈，三是100位国内外有代表性的普通人士的访谈。三个系列当中，国内与国外人士的比例皆为3：7。

你瞧，显然是一帮理想主义的家伙，特别是在美国的X同学，她现在除了常去参加各种创新教育方面的论坛和活动外，还准备花不菲的价钱给娃报一个班，目的之一是通过亲身体验来为我们未来的教育博客和微信公众平台提供更多一手资料。而我们的微信公众号开了一个月，主要通过朋友圈的分享即积累起上千订户，不少网友常主动给我们推荐文章、图书或其它，希望与大家一同分享。这让我很受触动，也觉得，其实相比于自媒体，兴趣小组或公益组织如果能够好好利用微信公众平台，无论对自我提升还是社会变革，更有着不可低估的能量。

（作者系南方周末记者）

微信自媒体的崛起和思考

□朱晓鸣

朱晓鸣

自媒体会长期存在不断发展，但是自媒体人不会将做自媒体当做终身或者唯一职业。前段时间几个自媒体人一起聚会，有人问了个问题，如果做自媒体可以让你衣食无忧，会不会专职做这个？结果大家都回答不会。

一

自媒体并不是一个新名词，这个从2003年就已经被国外学者定义为“WeMedia”的新媒体类型，在国内经过博客时代、播客时代、微博时代的繁衍发展，早已潜移默化深入人心，而且每个时代都有著名的非著名的意见领袖，每个时代都在将信息传播模式更碎片化更垂直化更精准化，每个时代都在一点点分化蚕食着传统媒体的受众，而微信上的自媒体崛起又是一次试图颠覆传统媒体形态的尝试。

我们都知道自媒体发展是依托在数字科技和网络技术发展基础上的，每一次互联网科技新浪潮总能推动起一波新的自媒体形态，这几年伴随着移动互联网的发展，自媒体也正在逐步从PC端转移到手机端，新浪微博最火热的时候几乎所有的人都捧着手机刷微博和发微博，每个人都在充当自媒体的角色，但是微博只是一个移动互联网媒体而不是一个工具，Timeline的信息展现方式也无法培养起忠实受众，并且微博带给人的终究是浅文字、浅阅读和浅思考。

随着微信的崛起，很多人发现这个坐拥 4 亿用户笑傲中国移动互联网端的产品，不仅仅是个基础通讯工具和移动社交平台那么简单，微信自媒体已经在微信上迅猛发展起来，先有“云科技”两个月十几万的微信自媒体广告费刺激，后有许维、曾航、潘越飞和魏武挥等自媒体人引发的微信自媒体靠谱与否的大讨论，而现在开通微信公众账号搞微信自媒体的人已经不计其数，这里面通过微信自媒体运营收获颇丰的也不在少数。

是什么让那么多人对微信自媒体趋之若鹜呢？自媒体人对平台基本需求很简单：它是一个零技术、零成本、零编辑、零形式的信息生产平台，对于使用它的人做到了“零门槛”；它是一个具备多种传播方式、渠道，保障高速传播的平台；它是一个用户基数庞大、能够产生良好双向互动的平台；它支持多媒体信息生产、发布、阅读、传播功能。

二

事实上，目前大部分平台都能满足自媒体人生产的需要，那为什么是微信引发了移动互联网时代的又一次自媒体崛起呢？

微信平台上的好友关系不同于以往其他社交平台，它是建立在手机通讯录基础上的，也就是微信用户的好友基本都是现实生活中有关联的人，这相对与微博这类平台的弱关系来说，微信上的交流和分享可信度更高，兴趣爱好更集中，更适合六度分隔理论的人际传播方式，基于这种强关系

的传播，自媒体人初期推广时无论是朋友圈推广或者是好友间推广，由于两者之间已经具备了解和信赖，最后达到的效果通常是非常理想的。

其次，微信公众平台既可以通过群发消息百分之百地到达受众手机端，又可以通过一对一的对话和受众进行互动获取反馈，并且这种互动交流是相对私密安全的。对比之前的很多自媒体平台，微信在传播上进步不是一点点，比如微博虽然是一对多的传播，但是到达率非常低，而博客的话基本就是守株待兔，写完了就等人来看，而且这两种自媒体平台和受众交流基本是公开环境下的，很难进行深入交流培养起读者粘性。

再者，自媒体人和受众都需要一个很好的贩卖内容的平台。“好”的定义很简单，就是噪音少，精品高。这个精品和传统媒体不一样的地方在于，并不需要有牛逼的写手和最独家的新闻，而是要在于让合适的内容传达到最“匹配”的用户手中。所以RSS订阅器或者ZAKER一类的应用，其实就是在解决这个事，用户面对信息汪洋需要能够快速获取到自己想要的，而微信自媒体的订阅方式正是基于这个需求形成的，受众可以自主选择信息来源，传播者可以快速准确传

递价值。

三

还要提的是，微信可能有机会解决自媒体生存问题，无论是博客还是微博都没有解决掉这个问题，大部分做自媒体的都是依靠“后收费”，即通过影响力变现，在后市场获利，自媒体人前向订阅收费或者通过广告软文的尝试大多以失败告终，但是微信将有可能改变这种情况，KK 的 1000 铁杆粉丝定律将很有可能在微信自媒体这个平台实现，也就是直接向受众收费，微信自媒体由于其高到达率带来的高取消率，很容易积累起铁杆粉丝，比如我自己做的“ZTalk”自媒体账号，某次在文章内透露免费蹭的服务器坏了打算换个地方，请大家推荐几个靠谱的云计算平台，当时就有不少读者问我要支付宝账号愿意募资。据说微信即将推出公众账号订阅付费，自媒体人将有机会通过内容服务自给自足，这也是微信自媒体被很多媒体人关注的重要原因之一。

面对微信自媒体的快速崛起，让传统媒体们感觉到从未有过的危机感，也引发了传统媒体们的注意和思考，《南方周末》刊登的《“自媒体”：离开组织的日子》一文中也阐述了本质上“微信公众账号就是当年的博客、App 就是当年的电子杂志”——曾被外界寄予很高的商业价值期待，后都趋于没落这样的观点。那么自媒体背后代表的到底是什么？自媒体有可能颠覆传统媒体吗？

自媒体的创新并不仅仅在渠道变化，而在于内容有了很大不同，传统媒体那种大众式传播已经无法满足细分领域小众群体对垂直领域信息的需

求，比如关注移动互联网的科技博客雷锋网，做了一个独立的微信公众账号“机情华强北”，受众人群主要是专门关注水货手机行情的，虽然关注人数不多，但是由于华强北的特殊行业地位，这个小而美的媒体未来对手机行业可能产生深度影响。未来，每个小镇都会有一个自己的媒体，每个小圈子都会有一个自己的媒体，这是传统媒体做不到的。

四

自媒体会长期存在不断发展，但是自媒体人不会将做自媒体当做终身或者唯一职业。前段时间几个自媒体人一起聚会，有人问了个问题，如果做自媒体可以让你衣食无忧，会不会专职做这个？结果大家都回答不会，因为自媒体可能属于一种人才发展的过渡形态，是尖端人才的试验场，也就是说做自媒体的，要么做不起来，做起来的那些肯定有更好的发展空间，不会把自媒体当做个人的终身职业。并且做自媒体这个事一般首先得是财务自由的人，如果上来就想靠这个赚钱，很扯淡。

著名的 IT 人士程苓峰通过微信自媒体卖广告，三个月收入 30 万，这是导致微信自媒体火热的一大原因。而据说某著名财经类日报的实际发行量是 2.4 万份,头版半版广告折后价 50 万一天。程苓峰的微信粉丝是 3 万，广告价格是一天一万，相比较而言自媒体的价值貌似被严重低估了？但实际上很大程度是由于自媒体的可监测性太低，影响力也很难做大，而且由于自媒体的过于细分化个性化，广告的诉求也高，一旦自媒体彻底商业化后，自媒体的价值也会随之消失。

在自媒体与传统媒体的冲突上有一个观点是：一个行业的掘墓人，一定来自它的内部，传统媒体的掘墓人，也一定来自它的内部。现在做微信自媒体的传统媒体人很多，记者本来就是一个自运转的平台，自己有信息获取能力和处理能力，汇聚资源处理成产品，产品又帮助获取更多资源。在现在移动互联网高速发展的情况下，传统媒体的内容生产加工汇集分发模式已经不可持续了。中国 1900 种报刊，去掉纯专业和行业类，剩下的做得很好的媒体超不过 100 家。但是传统媒体真的就这样被颠覆？自媒体肯定不是媒体的终极形态。但应该是必经之路。我觉得所谓自媒体和传统媒体之争基本上是渠道导向，未来是渠道把媒体强行分类，渠道会决定媒体的定位以及商业模式。另外一个自媒体成不了气候，只有 100 个自媒体加起来才有可能真正威胁到传统媒体，个人的优势是内容可以做到高度细分甚至定制，反应灵活，成本低廉，但组织的优势是整合资源，提供全套解决方案的边际成本比较低。

传统媒体虽然问题很多，但传播力和影响力这方面，不是哪个新媒体可以随便颠覆的。特别是二三四线城市接受信息的方式，人的意识和商业模式与北上广的割裂不是一点半点，这个体系衔接也不是 5 年之内能解决的，这 5 年多，是大家摸索新媒体这个大蓝海的空档期，也是有心的传统媒体和媒体人调整的时期。

（作者系微信 FM 创始人，WeMedia 联盟发起人，网名 @ 青龙老贼）

传统媒体如何借力微信

——以《城市画报》微信公众号为例

□雷韵祺

雷韵祺

微信用户已经超过2亿，传统媒体要怎样分一杯羹？传统媒体有高粘度的群众基础，在做内容方面有深厚的经验和人才储备，也有庞大的内容量可以重组输出。而新媒体与受众的接触方式是全天候的，这正好弥补了传统媒体在内容上一期与下一期之间的缝隙，让品牌在间隙中也有被提及、被曝光的机会。

但另一方面，不像互联网品牌，他们在线上没有任何根据地，所有的粉丝资源依然在线下或仅仅在微博上。传统媒体要启动一个微信账号，就如当初开始运营微博账号一样，同样并将持续面临着一些问题：

流量导向：有了这样的沟通渠道、推广渠道，流量导向哪里？

平台价值：微博出现之后，新的平台——微信，有什么不一样的价值？是否值得运营？

人力成本与效果实现：传统媒体的内容输出是慢节奏的，而新媒体的内容输出是快节奏的，已有内容需要重新包装输出，甚至要结合新平台特性去产生新内容。然而，所有信息一刷而过，耗费人力物力去做的一件事，却没有沉淀的地方。这样做，有什么用处呢？

当然，本文并不能为这些问题提供解决方案，只是结合《城市画报》在微信的实践，但希望能把问题列得更清楚、更具体些。

一、对微信平台的简单分析

在这里首先把微博和微信作个简单对比：

成分	微博	微信
平台用途	媒体属性	沟通属性
内容特性	实时性	可读性
内容形式	140字、图文、视频、音乐	原始声音、图文消息、第三方应用
受众形态	兴趣圈，弱关系	熟人圈，强关系
社会意义	能产生社会影响力	让小圈子沟通更直接

回到微信的基本功能上来，探讨一下传统媒体在这个平台可以实现些什么：

1.“订阅”——高质量的资讯需求

微信上的信息以订阅模式呈现。“订阅”这个动作，意味着用户希望在这里获得比自己更专业、更全面的视角、观点，原始事实要经过整合再输出。微博上的资讯是争取共鸣、披露真实，而微信上是给人以观点、想法。这就是微信的内容价值，也是传统媒体的优势所在。

2.“推送”——让用户量更有价值

微信的内容形式有文字、语音、带链接的图文信息，还有“第三方应用消息”。把用户量做起来，推活动、推网站、推内容、推 App 都非常有效，因为是强制推送的。

此外，还可以从推送模式中看到广告价值。不像微博，广告发布后，客户还要看转发量、评论量，微信的强制推送，到达率接近 100%（除了由于手机微信版本问题而无法接收外）。微信上的广告信息价格，可以以头条和非头条（微信多条图文信息的版式）来划分。不用纠结传播效果，这对于传统媒体的广告套餐式销售非常有利。

然而，也因为强制推送，用户对内容的质量非常敏感。内容要面向不同的用户，确实众口难调，因此，微信上的内容策划要非常精心，而广告植入就更加要制作精良。

3. 语音信息的载体——电台的互动模式

语音信息，是微信上特别强大的一个信息呈现功能。虽然声音信息简化了短时沟通的方式，随便拿起手机就能说一两句，但这似乎更适用于日常对话。

而对于未认证的公众账号，每天的群发消息仅有一条，如果要发布语音消息的话，一定是 20 秒以上的，而且信息量很大，用词不一定口语化，人“听”的理解能力远低于“看”的理解能力，因此声音的阅读难度远高于文字图片。

那语音消息可以用来做什么？语音消息很适合用来做互动，就如电台模式，亲切直接，一问多答。另外，微信的语音功能，对于电台媒体来说，是一个精彩片段重温的绝好平台。

二、《城市画报》的微信运营策略

1. 杂志经典专访连载，一周获得 1800 个订阅量

城画微信启动的第一周，推送的内容是“安妮宝贝专访”，内容以连载形式出现在微信上。结果，吸引了 1800 人订阅。

微信账号刚启动，需要寻找最吸引的内容进行推送——用实际利益来激励第一批订阅。在运营微博的过程中，我们发现读者常常问起的是《城市画报》安妮宝贝专访的那一期，杂志经典重温无疑是一个省力的不二之选。

问题是，特别经典的内容少之又少，一次就用完，后续发布的其它经典内容重温也无法达到同样的效果。

2. 通过话题策划，奖品激励，让用户参与微信内容的产生（UGC 模式）

在研究城画读者的网络行为，以及城画的内容定位后，我们发现其中确实有发展成 UGC（用户生产内容）模式的可能性：

（1）具有创作基因的人群:《城市画报》聚合的人群是社会的新锐力量，这样的读者更有行动力和创作欲，也因为见识广阔，而具备创造内容的潜力。

（2）良好的创作氛围:专题、特辑的策划，多年来布置下“强烈好奇”、“视觉独特”、“重视自我表达”的氛围，有助于带动读者的创作欲。

（3）成熟的圈子文化：在《城市画报》带动下的内容创作，更像是圈子行为，与志趣相投的人分享，更有认同感和成就感。

（4）权威的认同能力：《城市画报》在城市生活、社会创新、艺文类领域中已有一定权威，用户产生的内容得以在城画官方渠道发布，有一定的认同感。

那么应该让读者生产什么内容呢？这个答案依然要回归到微信的基本信息形态，可以产生的内容就是图片、文本、声音。

活动一：让用户生产图像——万圣节互动：自拍一张，吓城画君

万圣节前后，大部分微信账号、微博账号都在讲鬼故事。城市画报微信只能另辟蹊径，让用户自拍一张，晒晒自己的“鬼模样”。比起听别人说鬼故事，用户明显更愿意表现自己。

形式：推送话题“自拍一张，吓城画君”——收集自拍照——整合后群发，并附上语音版鬼故事两则作为“报复”。

效果：活动当晚获得 90 多次照片回复，而回复关键词收听“语音版鬼故事”的指令发出量达 600 多次。

难点：筛选惊吓程度适中的照片，把握好惊悚度；语音版鬼故事的录制，需要专业的音效配合和口述者，才可渲染恐怖的气氛。

活动二：让用户生产文本——用“物件”的思维写一段腹黑的话

我们把这个策划看作是微信上进行的一种“行为艺术”，周五，摆脱既定的思维写一段腹黑的话。这一次策划，意外地收获了很多精彩的句子。

形式：周五发布话题——收集回复，整理成文——在微博、豆瓣上发布。

效果：获得 100 多次回复，微博转发量为 36 次，同时在文中推广微信二维码，带来 100 多人的订阅增量。

难点：话题设置需考究，用户容易想到，方便手机输入，说出来有趣又不限低俗。

活动三：让用户生产音频——旁听微信·城市发声

“旁听微信·城市发声”是城画微信最历史悠久的 UGC 类策划，每期发布一个与城市生活相关的话题，让用户讨论或分享，挖掘城市人的生活状态。近期策划的“说说别人大概很少有的经历”，用户回复的内容十分有趣。

形式：微博宣传——发布话题——收集音频回复——编辑成有 1 分

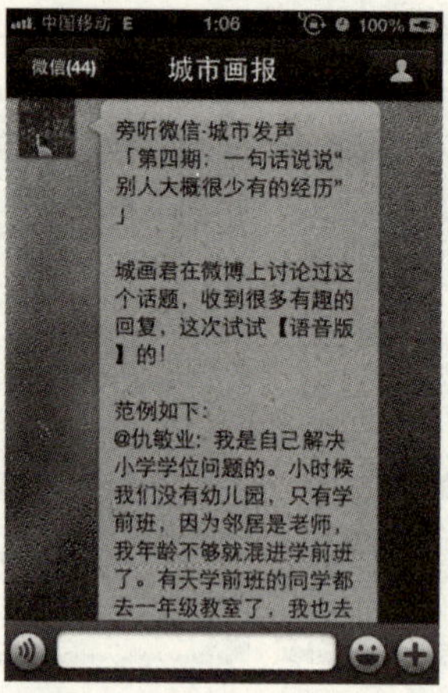

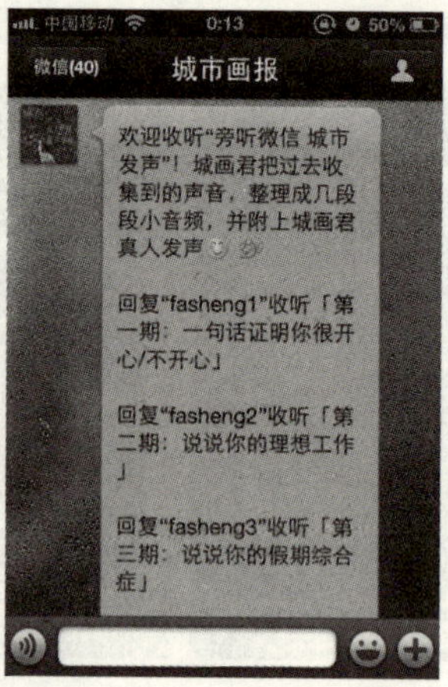

钟音频——在微信上再次发布。

效果：这个互动策划已进行到第 8 期，每次可收集到 100 多个音频回复。

难点：最初的话题设置决定最后的音频质量，因此必须考究。话题策划，要注意是否可以语音回复，是否能短时间讲完，回复的内容是否有趣，是否适合城画的基调等问题。

3. 自造热点，策划趣味性的互动

在同一时间内热点总是相同的，譬如圣诞节、万圣节，每个微信公众号都会做，而且互动活动都非常雷同。对于媒体而言，热点都要抓，但是也要懂得自制热点或找到不一样的切入点，以免落俗。比如，去年国庆假期前一天发布的“假期策划：节前性幻想”。

话题发布于国庆假期的前一天，让人们在节前涣散期讨论“性·爱”，收到将近 600 条回复消息。

初衷：对于中国人而言，假期如此稀缺，然而在假期来临的时候，却又有点不知所措。人在空虚的状态下“性·爱”的话题被讨论得最多，于是我们把这个话题捧上微信。

难点：对话题的把握要有一定水平，确实需要一位睿智的人去对答，有些提问容易拿捏不准，而成为过分的色情。再有就是回复量大，需要大量人力来参与讨论。

4. 其它互动：城画君陪夜聊、讲鬼故事、写毛笔字等

一些不是每个人都喜欢看的内容（鬼故事、毛笔字），是不适合推送的，但可以用来作为一次小互动。用一些小噱头带出即可，譬如“城画君讲鬼

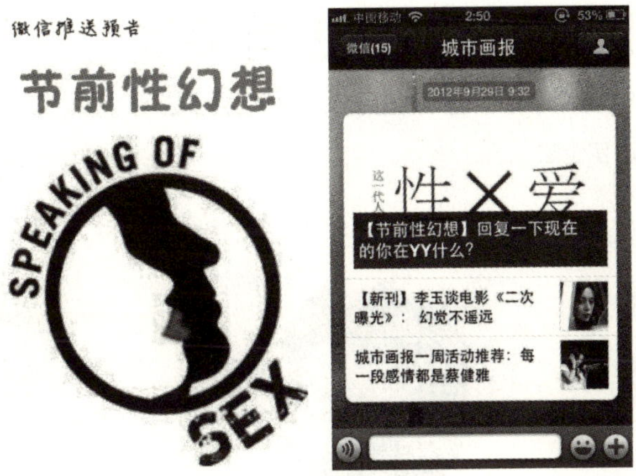

故事”、“城画君在模仿苍井空写的毛笔字”、“今晚有 20 个城画君机器人陪夜聊”。这算是小规模，易操作型互动，一次能够吸引 100—200 人的订阅量。

互动形式：在微博上告知粉丝，让他们关注城画微信，回复“暗号”查看。只要把微博写得神秘一点，好奇心驱使下，用户就因此而订阅城画微信。

这也是门槛相对比较低的一种互动形式。

三、《城市画报》微信账号的推广

尽管杂志上也有出现微信二维码，但带来的订阅量并不大，最直接有效的是微博，而推广的方式如下：

每日微信推送的内容，在微博上做足够的预告；微信上的互动，选取特别的对话放到微博上讨论，附上二维码；微信互动收集的回复，可以整理成长微博在微博上发布，并附上二维码。

在与读者的互动过程中，也大量利用微信的“自动回复”功能的设置，减少人力，也可以很有趣，很实用。根据需要，《城市画报》微信账号把自动回复设置为两种：一个是机器人的应答，俏皮地回复一些日常问候，强调趣味性；另一个是信息导航，强调功能性，把杂志内容、往期内容等进行分类推送。

（作者系城市画报新媒体部高级项目主管）

“人人时代”的新闻突围

——《weReport》的创设及其意义

□胡元辉 罗世宏

胡元辉

到目前为止，台湾资深媒体人较少转业到自媒体，倒是有群已离开主流媒体的资深记者正在推动独立媒体，开办独立媒体学院。另外我们结合众人力量创办了 weReport 调查报道公众委制平台(以下简称《weReport》)，对包括已离开主流媒体的资深记者和公民记者在内的独立报道人团队提供资助，算是台湾这两年在独立媒体和公民新闻发展上的一个新动向。

台湾公民新闻与独立媒体的新发展

不需多做说明，几乎人人都知道台湾的新闻业正跌入谷底，主流媒体充斥着大量的八卦、琐碎和植入的新闻，若情况继续恶化，目前在台湾已经少得可怜的优质新闻和调查报道未来甚至可能成为绝响。

因特网技术成熟与普遍应用而带来了每个人都可以参与行动的“人人时代”，蔚然形成一股可观的“无组织的组织力量”(Shirky, C. 2009. Here comes everybody: The power of organizing without organizations. New York: Penguin Press)。因此，透过网络集合群智群力做好事的努力逐渐成为可能，而且全世界各个领域都有人正在探索这些可能性。因特网促动和释放出来的这股行动力，包含了许多人愿意无酬贡献和分享一己的闲暇时间和脑力，个别来说虽然渺小得微不足道，但经过因特网的汇聚却可以

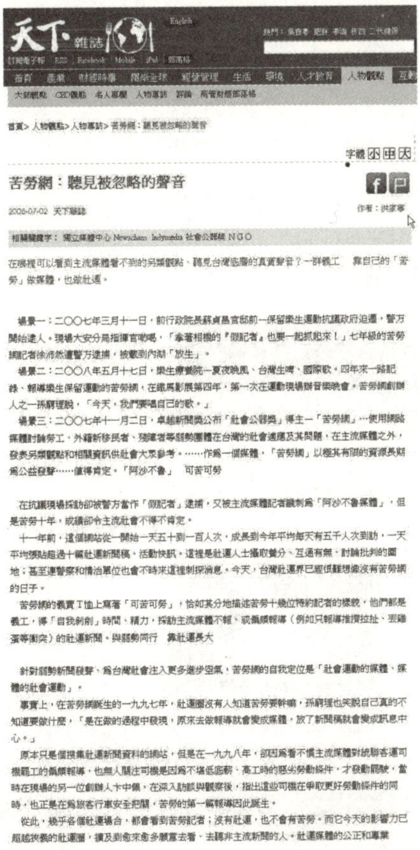
天下雜誌

首頁> 人物觀點> 人物專訪> 苦勞網：聽見被忽略的聲音

苦勞網：聽見被忽略的聲音

2008-07-02 天下雜誌 作者：洪家寧

相關關鍵字： 獨立媒體中心 Newscham Indymedia 社會公器獎 NGO

在哪裡可以看到主流媒體看不到的另類觀點、聽見台灣底層的真實聲音？一群義工　靠自己的「苦勞」做媒體，也做社運。

場景一：二〇〇七年三月十一日，前行政院長蘇貞昌官邸前一保留樂生運動抗議政府迫遷，警方開始逮人。現場大安分局指揮官喝，「拿著相機的『假記者』也要一起抓起來！」七年級的苦勞網記者徐沛然遭警方逮捕，被載到內湖「放生」。

場景二：二〇〇八年五月十七日，樂生療養院一夏夜晚風、台灣生啤、國際歌。四年來一路記錄、報導樂生保留運動的苦勞網，在鐵馬影展第四年，第一次在運動現場辦音樂晚會。苦勞網創辦人之一孫窮理說，「今天，我們要唱自己的歌。」

場景三：二〇〇七年十一月二日，卓越新聞獎公布「社會公器獎」得主一「苦勞網」…使用網路媒體討論勞工、外籍新移民者、殘障者等弱勢團體在台灣的社會適應及其問題，在主流媒體之外，發表另類觀點和相關資訊供社會大眾參考。……作爲一個媒體，「苦勞網」以極其有限的資源長期爲公益發聲……值得肯定。「阿沙不魯」　可苦可勞

在抗議現場採訪卻被警方當作「假記者」逮捕，又被主流媒體記者譏刺爲「阿沙不魯媒體」，但是苦勞十年，成績卻令主流社會不得不肯定。

十一年前，這個網站從一開始一天五十到一百人次，成長到今年平均每天有五千人次到訪，一天平均張貼超過十篇社運新聞稿、活動快訊。這裡是社運人士攝取養分、互通有無、討論批判的園地；甚至連警察和情治單位也會不時來這裡刺探消息。今天，台灣社運界已經很難想像沒有苦勞網的日子。

苦勞網的義賣T恤上寫著「可苦可勞」，恰如其分地描述苦勞十幾位特約記者的樣貌，他們都是義工，得「自我剝削」時間、精力，採訪主流媒體不報、或偏頗報導（例如只報導推擠拉扯、丟雞蛋等衝突）的社運新聞。與弱勢同行　靠社運長大

針對弱勢新聞發聲、爲台灣社會注入更多進步空氣，苦勞網的自我定位是「社會運動的媒體、媒體的社會運動」。

事實上，在苦勞網誕生的一九九七年，社運圈沒有人知道苦勞要幹嘛，孫窮理也笑說自己真的不知道要做什麼，「是在做的過程中發現，原來去做報導就會變成媒體，放了新聞稿就會變成訊息中心。」

原本只是個搜集社運新聞資料的網站，但是在一九九八年，卻因爲看不慣主流媒體對統聯客運司機罷工的偏頗報導，也無人關注司機是因爲不堪低底薪、高工時的惡劣勞動條件，才發動罷駛，當時在現場的另一位創辦人卡中儀，在深入訪談與觀察後，指出這些司機在爭取更好勞動條件的同時，也正是在爲旅客行車安全把關，苦勞的第一篇報導因此誕生。

從此，幾乎各個社運場合，都會看到苦勞記者；沒有社運，也不會有苦勞。而它今天的影響力已超越狹義的社運圈，擴及到愈來愈多願意去看、去聽非主流新聞的人。社運媒體的公正和專業

成为改变世界的巨大的正向力量（Shirky, C. 2010. Cognitive surplus: Creativity and generosity in a connected age. New York: Penguin Press）。

新闻是商品，但它不只是商品，好新闻不是免费的午餐。台湾的公民可以怎么做？除了抗议或抱怨台湾的商业媒体乱象之外，亟需自力救济的公民行动。来自公众的小额捐款可以成就什么样的大事？

在这个想法的驱动下，《weReport》在2011年底启动了。

《weReport》是一个网站，但不只是一个新闻网站；它是一个平台，但不只是一个调查报道的平台；它是一个行动，但亦不只是一个关于新闻业的行动，而是一项促进台湾深化民主与公平正义的公民志业。

以往台湾的媒体改革运动多只针对商业媒体及公共媒体而发，希冀导正商业媒体的乱象，壮大公共电视的规模，较少关注公共电视以外的非营利媒体。事实上，台湾一直存在各种类型的非营利或低营利媒体，例如早期的小区媒体或运动型媒体，后者在台湾民主化的过程中扮演重要角色。互联网发达之后，一些新兴的非营利或低营利新闻网站更展现出旺盛的生命力。例如先后出现的《南方电子报》、《苦劳网》、《环境信息电子报》、《小地方新闻网》、《新头壳》与《上下游新闻市集》等等。这些新兴网站虽然无法取代既有媒体，甚至也无法产生主流媒体般的经常性影响力，但它们已是台湾媒体地景中不可或缺的一部分。这些新兴非营利与低营利网站的不可或缺，不仅在于个别媒体所代表的

独特价值，更在于这些网站所共同传递的非主流价值，已是台湾迈向成熟多元社会的重要凭借。

不过，台湾的非营利性新闻网站虽已逐渐获得成长的土壤，但靠着少数人捐款或注资的营收模式，仍使多数网站处于营运前景不明的困境。同样的，欲以广告收入作为营收的主要来源，除了现实上有所不能外，亦未必为这些媒体所接受。因此，需要为日渐成长的台湾非营利新闻业找到新的出路，也需要为日形重要的非营利媒体另辟蹊径，而世界各地并不缺乏各种为非营利新闻媒体和调查报道寻找新的发展路径的努力（详见胡元辉，《网络再造调查报道新契机？——美国新兴非营利新闻组织经营模式的探讨》，《传播研究与实践》2(2)；罗世宏，《打造公共新闻的价值与模式》，《台大新闻论坛》第 11 期），《weReport》正是在这个背景下出现的新闻改革实验。

我们看到美国有一些类似的实验，特别是《Spot.Us》。这个创立于 2008 年 11 月的群众资助型（crowd-funding）网站，用最简单的话来说就是一个媒合报道者与赞助者的平台，有意进行新闻报道的人可以经过一定程序在网站上提案，并接受社会大众的捐助。

《Spot.Us》创立的前 3 年，总计赞助 200 多个提案。此一结果受到创办人 David Cohn 的肯定，但是他也认为社会大众尚未普遍建立新闻有费的观念，使得群众资助新闻报道的做法仍面临挑战。另一位非营利调查报道基金的创办人 Arianna Huffington 亦认为，社会对非营利新闻业的捐赠，若能像民间对大学的捐助一样，那么非营利新闻模式就有更大的发展空间。

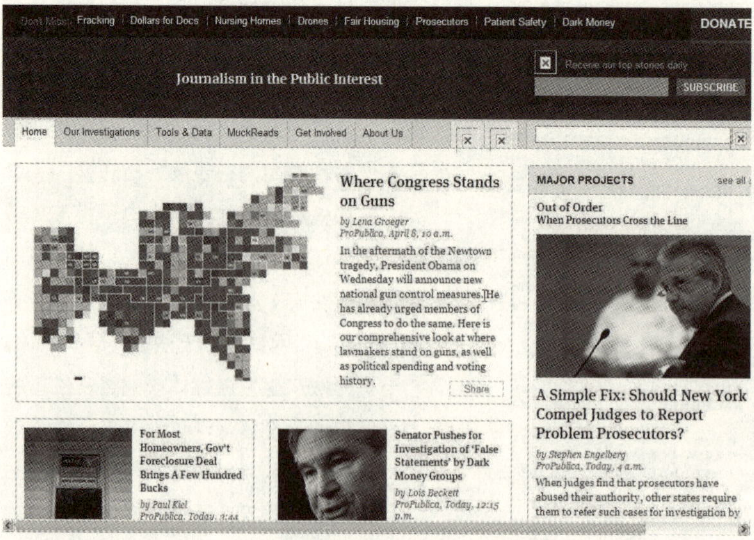

《weReport》的构想缘起与建置历程

2010年底，我们共同编撰了一本书《新闻业的危机与重建：全球经验与台湾反思》。对国内新闻业面临的迫切危机，特别是原本就供给不足的优质新闻在新一轮危机中所面对的艰难处境，我们深以为忧。我们在书中主张，政府和慈善基金会有责任挹注资源促成优质新闻的生产与流通。但我们也知道，这项呼吁不易在短期内获得政府和企业界的支持。坐而言之外，我们决心起而行，努力找寻任何能够支持优质新闻生产和流通的有效机制。寻寻觅觅中，我们似乎找到了！《Spot.Us》为代表的群众资助（crowd-funding）和英国学者Dan Hind倡议的“公众委制”（public commissioning）概念，向我们指出了一条具有可行性的实践路径。

公共委制模式所需资金来源可来自公部门资金，亦可来自公众的小额捐款赞助。美国的《Spot.Us》调查报道媒合平台，由David Cohn首创于2008年底，自诩为“社群资助的报道”（community-funded reporting），由公民读者透过小额捐款赞助各类调查报道提案，提案者获得资金后完成调查报道的成果必须公开流通刊播，包括在主流媒体上露出。《Spot.Us》奉行创办人强调的三原则：透明、问责与公开，并且相信新闻会比（营利性）新闻组织存活得更久。

为了推动台湾的新闻委制平台，我们开始与关心台湾新闻业发展的各方人士，共同推动筹组社团法人优质新闻发展协会，以尝试落实公众委制/群众资助的理念。经过几次筹备会议，协会于2011年4月30日正式成立，并将新闻集资平台的创立列为协会的首要任务之一。

随着构想逐渐落实，《weReport》乃于2011年12月3日正式启用，并开始征求报道提案。此后，来自数百位个别公民的小额赞助款也开始涓涓流入。《weReport》上线的第一个月，计有来自自由撰稿人、非营利组织、公民记者与研究生等方面所提出的5个调查及深度报道提案，题材包括台湾科学园区开发、校园午餐、灾区永久屋政策及两岸婚姻等等，寻求赞助的金额自台币2万元至11万元不等。而累计一般大众对个别提案所做的小额赞助，不到1个月已逾10万元。

平台成立的第一年，共有18位独立媒体人与公民记者提出21个调查或深度报道提案，并已完成19个报道。来自社会各界的总赞助款超过台币260万元，其中小额捐款超过46万元。

无论各界对此一初创阶段的成果抱持何种评价，对于《weReport》平台的推动者来说，我们很清楚这只是第一步的跨越而已，未来的路将益形艰巨，因为我们不只是在建构一个新闻网站，甚至亦不只是在进行一个新闻业的重建行动，我们在做的是：一个改变社会观念的媒体改革运动。

《weReport》的挑战与机会

我们希望这个平台以公开、透明、开放与问责的方式运作。我们也希望这个平台能够做到以下几个功能：

首先，《weReport》是一个以台湾为主，但同样面向两岸三地华人社会的平台。它所赞助和支持的调查与深度报道出自台湾、但大于台湾，例如，到目前为止，《weReport》已经赞助的报道提案包括有关两岸人民婚姻登记收费现况调查，以及台湾青年气候联盟所做的关于福岛、台湾的绿能家园报道，期能发挥台湾享有华人世界最大程度的新闻自由的优势和责任。

其次，最重要的是，让有决心有能力从事调查报道的人能够公开向公

众提案，从而从公众手上得到执行并完成此提案的资金或其他资源。除了既有主流媒体编制内全职新闻从业人员不得提案之外，任何人都可以在这个平台提案，尤其欢迎自愿或非自愿离开新闻战场但对新闻仍然怀抱热情的前新闻工作者、自由撰稿人、公民记者、大学新闻传播科系教师和学生。提案者可以是个人或团队。

提案募款成功后，提案人必须与平台签约，并由平台方支付提案人40%的款项，待完成部分工作后须公开提出期中报告以获得第二笔30%的款项。最后一笔30%的款项则等到提案执行完成并符合新闻报道准则之后拨付，但若因故无法执行或完成提案时，提案人依约应归还其所获得的资助款项，以供平台用以资助其他调查报道提案。

其三，提案最终完成的调查报道作品以“创用CC”(creative commons)的授权方式，免费开放自由流通分享，亦欢迎主流媒体转载或摘录部分内容，只需做到“姓名标示”的授权条款要求，亦即标示其所转载的报道内容来自《weReport》以及报道者的姓名。我们也不排除与既有主流媒体合作的可能性，以扩大优质新闻/调查报道的社会影响力：若既有主流媒体愿意资助某个报道提案，可以赞助该提案所需资金的半数以上，可以与本平台协议获得一定期间的独家刊登或独家播出权利；但过了一定期间，无论该主流媒体是否刊播此一调查报道内容，我们都同样开放外界自由流通分享。

其四，捐款民众的每笔捐款皆可抵扣所得税。我们希望每个提案能获得更多的小额捐款民众的支持，因此规定任何人不得资助任一提案所需资金的1/2以上，以落实扩大公众参与的精神。

虽然平台方也可以直接挹注某个报道提案，但平台方同样受到两项限制：一是该提案必须从公众手上至少募得所需资金的一定比例以上，平台才可以考虑是否直接挹注。二是平台经执委会议决可直接资助某一提案时，最高只能资助该提案所需资金的49%，以降低平台方对于个别提案募款成败机会及报道方向的影响。

真正的挑战毋宁是社会对调查报道以及公众委制的价值是否真能理解，并且愿意以行动来支持?

营运有成的美国非营利调查报道网站《ProPublica》，曾宣示它的目标是要产生有影响力的报道，而它所强调的影响性就是要促动改革、改变生活。诚然，调查报道如能成为新闻业的强固传统与核心，其对民主政治的影响将至深且巨。台湾并无调查报道的良好传统，现在更因商业媒体的经营压力，将调查报道边缘化或作挂羊头卖狗肉般的变质利用，《weReport》

聚焦于调查及深度报道的重建，其所遭遇的挑战显然更为庞大，但台湾媒体对调查报道的轻忽，同样给了《weReport》一个绝佳的发挥机会。

其次，在公众委制及群众资助的观念沟通上，《weReport》所面对的挑战显然比调查报道的意义认知来得还大。新闻是免费的产品吗？当然不是。同理，网络新闻也不是真正的免费品，里面有传统媒体付出代价而产制的新闻，有网站上无所不在的广告与置入，有来自社会大众分享或创造的讯息等等，当然还有许多阅听者意识的到与意识不到的社会成本。其实大家都在付费看新闻，有时还得为恶质新闻付出高额的代价，与其如此，我们为何不能付费支持好的新闻？为何不能以些微代价支持不受政商力量操控的非营利新闻报道平台？何况，立基于“群众资助”与“群众参与新闻生产”(crowd-sourcing)理念的《weReport》，将其9成以上的资源和成本投入于优质新闻生产，与传统新闻业只投入其一成到一成五的资源于新闻生产的模式刚好相反。这些事实和观念如能会被广泛传播，相信大家将更能体会公众委制及群众资助的必要性。

其实，新闻业的重建本无坦途可言，挑战无可避免，机会亦从不渺茫。《weReport》调查报道公众委制平台希冀推动非营利深度报道、调查报道在台湾生根，促使公众以更积极的方式，透过小额赞助去支持好新闻的生产和流通，以突破主流商业媒体多年来怠忽公共议题调查报道使命的困境，本来就是一条需要时间的漫漫长路。

我们相信，台湾日渐成熟的公民社会有很多“天使”愿意支持真正的优质新闻，有很多“天使”愿意支持像《weReport》这样的平台。我们相信，台湾人民不缺热情，我们更认为媒体改造值得我们付出热情，因为这份热情所将改变的，不只是我们的新闻业，还有我们的生活与民主的质量。

（作者皆系台湾中正大学传播系副教授）

记者讲述

记者讲述

转型社会中的舆论监督报道

——以《起底王立军》为例

□石扉客

石扉客

我现在仍能记得很清晰,《起底王立军》这个专题正式开始操作的时间,是2012年2月8日,即王立军出走美领馆后的第二天。但之前我本人和《南都周刊》针对重庆事务所做的观察、铺垫和报道,则可追溯至4年前的2009年。

这个采写操作过程,可细分为萌芽、发展、发力、风波与全面启动等六个阶段,

王立军调任重庆是2008年中,此前他在铁岭和锦州的高调做派早就在媒体视野范围之内,因此调任重庆此举,本身即成新闻。我在央媒任职时的同事曾跟我提起王对媒体人都很仗义,每到该地采访,一定要亲自接待。他们拍片时可随时到王任职的警局征用车辆,走时将警车直接扔回市局大院即可。犹记彼时一位同行曾拉我一起去重庆做王,我言没兴趣,盖因所有在媒体上过于高调的人物,均会让我本能警惕。而王在东北那一套手法,即便冷眼旁观也可知问题一定多多。

萌芽始于2009

是年10月27日,"首届法医人类学个体识别技术应用专题研讨会"在重庆召开。我在重庆市局官网上查看到会议相关详情,以及对王显赫的

学术身份介绍，颇觉震惊。有法学常识的人都知道，法医多是医科大法医专业科班出身，鲜见有自学成才的法医，更别说是法医专家。而王获得的这些殊荣，和铁岭公安局213研究所真正自学成才的颅面鉴定专家兰玉文之间，关系含糊。

我随机悄悄向两个人了解相关情况。关于王的学界兼职情况，我向贺卫方老师发邮件了解他的北大兼职情况。贺老师向我证实，王确实为北大法律系刑法兼职研究员。2009年底我赴美，次年1月，关于王的国际法医协会任职情况，我又向某著名打假人士咨询。

而年底爆出的李庄案，也让重庆打黑正式进入大众视野。《中国青年报》12月14日的李庄案报道是整个重庆形势中非常重要的一则媒体事件，这则著名报道的标题极长，含两个双引号，为《重庆打黑惊爆“律师造假门”——律师李庄、马晓军重庆“捞人”被捕记》。

是日我正在费城，晚上回到公寓，因为时差，正好看到这篇报道，非常震惊，于是在我的天涯博客黄亭子里写下一篇简单的博文。在这篇博文中我写道，这篇报道让我震撼，但震撼的“不是报道的内容，这个早在预料中，几个月前我就在推特上感叹重庆的小文革在逐渐成型”。

此中很值得观察的即是前文所述地方警局与权威央媒之间的微妙关系。

这篇博文随机被我的朋友、上海刑辩律师张培鸿转载到他的博客上，又随即被他的浙江同行，刑辩律师陈有西看到。陈随即在次日撰写了一篇名为“法

治沉沦”的长文。这篇文章传播极广，反响极大。

陈在随后的一周里，又接连写了《论律师》、《论打黑》、《论智库》三篇文章来分别评论李庄案。

现在想来，如果说我那篇小博文就像是一场大戏里的小过门，那陈有西这四篇文章则犹如后面浓墨重彩的主角亮相。李庄案迅速成为外界关注重庆事件的焦点。

李庄案自此成为重庆的分水岭。

发展于“双起论”

这年年底，我半开玩笑在推特上建议各大媒体应该设重庆站，因预判未来3年重庆都会是新闻高地。事实上《东方早报》、《财经》杂志和《时代周报》等在此期间也开设了重庆站或派专人常驻渝，这批外埠媒体驻渝同行发回的大量报道，让外界观察重庆事务提供了很好的参照系。如潇湘晨报倪志刚就从李庄案二审中最早发掘出李庄的藏头诗。而彼时还在新民周刊任职的季天琴也在重庆采访，她旁听黎强案、李庄案等的分析与感受，让彼时还身在国外的我得以更接近浓雾环绕的山城。这种密切交流，也打下了一年后我们合作重庆报道的基础。

2010年初，李庄案二审尘埃落定，对重庆事务的观察陷入低潮，一直到2010年下半年的“双起论”事件。

2010年11月15日，王立军在重庆市局党委第22次会议上提出的“双起论”出现在网络上。

王说：

“今后，凡是报纸歪曲事实真相攻击我市公安机关和民警的，就以单位起诉当事报社和撰稿人；如果他提及民警个人，且造成后果的，民警拿着证据到法院起诉记者，相关部门和民警所在单位要支持和协助。这就叫‘双起’，公安机关起诉报社，民警起诉记者。”

王进一步强调如何对付媒体：

“我们不是不懂政治，因为政治上我们没有驾驭权。但他如果把政治变成法制，这是我们的强项。如果他要把法制过程当中的问题变成案子，咱们搞了这些年案子，他行吗？搞政治我们只有一半的主动权；进入法制轨道，我们就有了全部主动权；要把这事变成案子，他就是观众了。”

王这些话，和前述中青李庄案报道一样，都是研究转型期警媒关系不可多得的样本。这番话之所以出现在网络上，是因王要求挂公安内网，并要求各单位组织学习，手写 2000 字以上感悟。有警察觉得这些话很给公安干警撑腰提气，就主动贴到外网上来。

当天我看到这个信息，吃惊之余随即在新浪微博爆出，北京律师浦志强也开始跟进，随后上海《新闻晨报》和《南方农村报》都有相关报道与评论。重庆警方迅速捕捉到我们这些言论上报并组织应对。事后我们获知的材料显示，在警方文件里的关键词，比如“网络舆情巡查”、“舆情预警研判”、“网络舆情引导战役”、“正面引导口径”、“淹没战术”、“转移公众注意力”、“淡化焦点”等，准确而生动地显示在当代警媒关系中，重庆警界的真实心态与技战术，针对性与实操性非常强。

当然，当时我并不清楚这些针对我们的技战术早已经在有条不紊地布局中。因同时期的上海“11·15”大火等其他新闻事件转移了视线，此事随后平息下来。

COVER
封面报道
起底王立军

COVER STORY
化妆师王立军

2011 重庆年

第三波，是 2011 年春天的发力。在杭州年会上，开始着手安排重庆事务的封面报道，这是《南都周刊》关于重庆报道的发力伊始。策划案上我定的标题为四个字：围观重庆。包括 4 篇稿子：文强案的遗产、唱红打黑中的西南政法大学、红色卫视经济账、酉阳官员监控风云。此时，已加盟南都周刊担任高级记者的季天琴熟谙重庆政情，于是由她领衔，和另外一位高级记者曾向荣联袂兵发重庆。

前期采访很不顺利，我们不久即收到指令，要求季曾两位立即撤回来。也就是说，重庆方面盯得很紧。

但这4篇稿子，除了文强案遗产因前期无法推进以致流产外，其他3篇后来都陆续以单篇的方式刊出。其中，为降低敏感性，由季天琴操刀的《唱红打黑中的西南政法大学》更名为《红岩下的西南政法大学》刊出，这是其中影响最大的一篇，也是和王立军关系最直接的一篇（采访详情，季在《南方传媒研究》第40辑上《我的2012》一文中有详细追忆）。

我的预设目标本要在这篇中解决王立军的西政教职合法性问题，季也在前期采访时和王直接间接有过核心问题的采访接触，西政为此连续给我们发来三份传真，表示聘王为教授合法合规，有理有据，如周刊报道有误，将追究法律责任云云。后考虑到风险，周刊总编陈朝华拿下了这部分内容。现在看来，这个决策非常明智，为此后操作《起底王立军》预留了足够空间。

回过头来看，倘以重庆报道为例，这个时期的警媒关系，得处处小心，时时谨慎。事后，我们拿到的相关材料也证明，这些担心确非多余，王立军时期的重庆警方依赖大情报系统，已经建立了一整套监控体系，上了黑名单的人，都在全方位监控中。其时，重庆本土有气节有想法的媒体人日子更不好过，被打压者有之，险些被劳教者也有之。

这批报道见报后，随即就是2011年4月的李庄案第二季，我们面临的情况已较紧张，无论是媒体管理方和重庆方面，都在提前布局，再次冲线的难度极大。由此我策划了一期剑走偏锋的封面报道，题为《大牌律师转型》，意即从李庄案等开始，一批大牌商业律师开始试水公共参与。这组报道含3篇稿子，其中最核心的一篇即为《李庄案背后的律师暗战》，操刀记者仍为季天琴。

操作这篇稿子的关键是时间踩点，既不能公然对抗管制，也决不能损害到李庄的利益。我们设计这组稿子的传播时间点有两个准则，一是在李庄6月11日出狱那天推出，二是确信他已平安抵达首都机场后才上网推广。事后证明，这期稿子的时间窗口非常侥幸，上网后第二天即收到非常严格的禁令，其他媒体已无法跟进。一家著名杂志的大规模李庄案报道，彼时因已无法见报，只好给记者发双倍稿酬以做安抚。

亦由此可见，在复杂的警媒关系生态中，媒体报道的时机把握，需要非常到位的判断。一着不慎，即满盘皆输。李庄案第二季这个报道经验，也为此后操作《起底王立军》提供了借鉴。

在随后6月，是著名的“一坨屎”劳教案，这个人神共愤的题让人联想起文革时著名的恶攻罪（恶毒攻击伟大领袖罪），但此案当时所有信源被重庆方面控制住了，无法跟进。

在这个时间窗口里，我的同事又操作了一期与重庆有关的封面报道《种树政治》。8月，南都深度记者姜英爽专访到了出狱两个月后的李庄本人，都市报不敢刊发，在报系领导支持下，我们拿过来作为封面报道《李庄说李庄案》在周刊有惊无险地刊发。

如此，周刊连续做了四期关于重庆的封面报道，这种攻势一直沿袭到2011 年下半年。9月，获悉重庆警局和奥康威视公司签约天价监控设备，我关心这种“治安乌托邦”在技术上的可行性，于是策划做了一期有关监控的封面报道，但这时考虑到局势已积累到高风险态势，我们已不太敢再直接拿重庆来解剖，只选择了解剖这家公司。

总之，和其他媒体比较，《南都周刊》的一个重要特征是在薄王倒台前即对重庆事务做了密集的报道。2011 年，堪称是《南都周刊》的重庆年。但这一年最后几天爆出的一个小风波，倒是让我始料未及。

一场意外的风波

在做重庆报道的过程中，我最为纠结的就是，我们这些报道总是被人解读

COVER STORY

从铁岭到锦州

COVER STORY

王立军甚至建立了黑名单。“飞机一落地，记者和律师全在掌控中。他要审查你的背景，监控你发表的文章。”

为阴谋论，既与事实真相完全不符，也让我有被侮辱的感觉。

2011 年 11 月 12 日，我在黄亭子博客写下一篇博文，名为《关于南方系的标签》。在这篇文章里，我表达了这种被侮辱的感觉，也公开提出希望约访王立军，约访信贴出来后，杳无信讯。薄王垮台后我们得到的信息证实，王确实通过舆情监控管道看到了这份约访信，只是没有回应罢了。

这一年的最后两天，某著名打假斗士在新浪微博爆出“猛料”：“石扉客当时代表南方某报刊想整重庆公安局局长王立军的黑材料，找我咨询王立军的学历和学术成果有没有问题。我看了他提供的材料，告诉他看不出有问题。他们的报道就做不下去了。”

这一天是 2011 年 12 月 30 日中午 12 点 44，在随后的几天里，我的个人信息和家庭成员情况以及家庭住址都被迅速泄露在网上，我收到几十个骚扰电话，造谣诽谤也不期而至，指称我和周刊操作重庆报道的女记者“年轻貌美的季天琴长期同居，在云南保山开房”等。

我能做的，就是发表回应声明。我还得隔空喊话，不卑不亢，挤兑住可能存在的暗黑力量，同时在上海和广州等地报警。在回应声明里，我如是写道：

“沟通总是最重要的，我本人确实希望采访王局长——我和我的同事并不希望妖魔化一个栋梁之才，也不希望轻易放过一个欺世盗名之辈，这也是为什么我一个多月前发《关于南方系的标签》这篇博文的缘故。”

“王局长真荣调公安部担任重要职务的话，只要恪守宪法和法律，更不是啥坏事。监控电话，调查隐私，制造意外，等等等等，这些下三滥的鬼蜮伎俩，我相信他一定干不出来，也不会允许他的下属干。当下的中国，也已经不是人命如草芥的时代了！”

从业十多年以来，我自忖没有私敌。我总以为到了一定位置的人，总会多少在意自己的形象，更兼自重身份，轻易不会使鬼蜮伎俩。所以我的反导防御系统，就像反右前夕的龙云一样，也只有公开说破和挤兑这两个盾牌。

当时，我无论如何想不到对方的政治生命已经在进入倒计时了。

闯馆后的全面启动

王立军免去公安局长职务时，周刊正在广东南昆山开年会，山上无法上网，也没有 3G 信号，下得山来方知此消息。在免职同时，王的副市长职位也从分管政法调整成分管教科文卫，有和重庆熟稔的微博名人随即预言这是要重用和高升的迹象，因组织上准备增加其多岗位历练经验。于是马上有媒体做了王立军履新的报道。

王免职与新任党委书记关海祥履职的重庆市局干部大会上，时任重庆市委常委组织部长陈存根与政法委书记刘光磊的讲话，都高度肯定了王在市局 3 年的工作。前述微博名人和媒体的判断，我估计主要受此影响。

我们也在判断这个消息的象征意义。《重庆日报》这几天报道的薄熙来关于意识形态的讲话让我怦然心动。薄说，我们这里一出点什么事，国外反动势力就幸灾乐祸。那么“这点事”，到底是什么事呢？

王闯馆是 2 月 6 日下午，2 月 7 日是周二，周刊例行的截版日。是日，编稿到深夜 11 点半，微博上突然放出一条成都美领馆有事儿的消息，我记得比较早的一条消息是土家野夫的，他发微博隐晦称造访美领馆的可能是重庆那位来俊臣，当时也有消息称是藏区有事。

如是藏区有事，我想第三方机构和外媒一定会不久就有消息。如天亮时还无藏区消息，那重庆有事的概率就极高。是晚，我一宿未眠，通宵达旦追踪这些消息。8 日早晨，王立军缺席 9 点召开的重庆教育工作会议的消息出来了；10 时，重庆市政府新闻办放出那条著名的休假性治疗消息。

这回，是真的天亮了。

“起底王立军”的采写操作随即开始全面启动。那几天，我发的两条微博，可基本代表当时的思路：

“王立军应是媒体报道得最多的警察之一，也是报道得最少的警察之一。多，是指各种充斥着传闻和想象，或者语焉不详或者一厢情愿的包装与解读；少，是指极少有真正报道触及到他在辽宁和重庆官商两界上的权谋纷争核心问题，以及他的隐蔽内心世界。”

“未来一段时间里，既不简单化、也不妖魔化地尽量还原一个真实的王立军，是各大市场化媒体的一次重要同题竞争。”

采写过程主要是兵分两路，主笔季天琴集中攻重庆、合肥等地，另外一位记者周至美则主攻辽宁等地。资料搜集和整理则是来自复旦以及华东师大等地的五名实习记者唐爱琳、李韵、王皞、徐雨雯、常烨等。这几个孩子都很能干，令人欣慰的是，现在大多都已获得很好的 Offer。

记者在前线采访时的各种经历，非常准确地证明了周刊此前两年进行的重庆报道是极端重要的。不少关键人物的突破，就是因为他们看过我们在薄王倒台前的报道。周刊不摇摆不投机的坚定价值观与正道直行、不拿立场换信息的操守，获得了对方的充分信任。

正如香港大学钱钢老师所说，“哪里有你的敌人，哪里就有你的朋友”。整个前期采访过程中，我们的最大感受，也是这样。敌人最多的地方，也是帮你的人最多的地方。

之前的诸多谜团也在抽丝剥茧地逐渐显露出真相。在一份互联网突发事件专报材料上，王立军的亲笔批示是：

用正义呼声对付流氓，用群众惩治地痞，用专家来揭露内幕，用事实来揭示南方系是流氓。

王的批示被常务副局长、分管副局长和政治部主任等层层批转落实到网安总队和宣传处等执行机构，批示要求“宣传、网安等异地策动XX、XXX等名仕、网民力挺XXX，攻击南方系，每日报舆情”。

这份专报材料的时间为2011年12月30日16点04分，编号为第544期，我不知道还有多少这样的材料。一直到看到这些材料的时候，我们才发现原来危险曾经如此之近。

编辑出版过程

前期采访完成后，后期加工是个重要问题。在方向上，鉴于王立军的特殊身份，我们决定做人物而非事件，以解剖这个当代中国警媒关系的集大成者。在结构上，我设计为以下八个部分：

1. 王立军是怎么炼成的
2. 东窗事发
3. 治警
4. 打黑真相
5. 学者王立军
6. 化妆师王立军

7. 从铁岭到锦州

8. 王立军词典

上述8个部分里，除第7篇由周至美承担外，另2、3、4、5、6、8六篇均由季天琴负责。第1篇综述则是我自己操刀，确定整组报道的基调与前进方向。

其中分量最重，风险也最大的为第2篇“东窗事发”。季天琴在《我的2012》一文中回忆说，我当时交给她的任务是要在新华社尼尔·伍德案通稿之外，搞出一篇我们自己的通稿来。其实，我设想的是在新华社通稿的骨架基础上做填空题。通过补充被省略的情节，被遮蔽的背景，来逐渐还原出来此案的脉络，呈现王立军在案中的真正地位与作用。“搞篇我们自己的通稿”的说法，听起来比较豪情万丈。但“做填空题”这个路径，似乎更准确与可行。

此外，这8篇中，第8篇是被传播忽略的一篇稿子。我们通过精研王立军的讲话、批示以及其他一手材料，以港大钱钢老师教授的搜寻KEY WORDS的方式提炼出若干关键词，编成“王立军词典”。这些关键词，既是王立军个性风格的生动体现，也是当下警媒关系的准确写照。

在整个采编过程中非常重要的一个问题就是对风险的把握与评估。经过反复甄别与衡量，经领导批准，我们确立了以下6条原则：

1. 任何采访都需要有文件、案卷和照片资料印证；

2. 和尚未审结的案件做一定程度的切割；

3. 涉及到媒体同行尽量不点名，以减少不必要的树敌；

4. 舍弃可能导致消息泄露和报道夭折的高风险采访；

5. 切割掉部分高风险的敏感细节；

6. 舍弃可能引发伦理问题的敏感照片和文件资料。

按照上述原则，大部分稿件在2012年8至10月都已经先后完成，接下来就是见报时机的问题了。报道出版的时机选择，恰好是在十八大之后，2013年新年之前。盖因此时，重庆人事调整重新布局，局面开始从王立军事件后的维稳过渡期向十八大后的调整甄别期发展。

现在想来，这几乎已经是唯一可能推出来的机会了。实际上，到那个时候，我们也已经疲累不堪，几乎是强弩之末了。12月初，当领导告知我稿子很难见报时，我给领导写了一封邮件。在详述稿子应当抓紧推出的第四点理由时，我写道：

“这个题从2月份开始操作，周期非常长，我们开始拿到的料绝对是全世界媒体的独家，操作的方向也证明没有问题。但稿子久久不能见报，导致战线拉得极长，大量本来非常独家的信息不断被解密被消解，甚至成为街货，只能非常痛心删除；而新的信息又层出不穷，每个重要信息，都得去重新调查求证；与此同时，我们必须随时监控这些情况，与之保持同步赛跑，唯恐错过与遗漏。至于操作这个题过程中遭遇的那些风险与波折，自不用再说（每个参与的成员甚至实习生都被喝茶，我个人也深深地被搅入其中）。这个漫长的工作，让记者和我本人都非常疲惫，说身心俱疲，一点都不夸张，所以都希望早点见报就能早点解脱。”

这份邮件是 2012 年 12 月 3 日晚，我在成都去重庆的动车上写就的，彼时心情可见一斑。

这封邮件发出几天后，恰逢南周的一篇王立军花絮稿见报，再加上此前财新传媒等兄弟媒体的李庄案申诉报道等预热和造势，终于促使领导下定决心出货。

重重努力之下，12 月 17 日，这组报道终于顺利见报出街。

问题与不足

这组报道出来后，反响很热烈。但也有些比较特别的反响出乎我的意料，如以下几种看法：

1. **认为妖魔化王立军（部分网民）；**
2. **认为八卦（腾讯今日话题等）；**
3. **认为不够深入透彻（杨海鹏、李庄等）；**
4. **认为在美化王立军（司马平邦、锵锵三人行等）。**

这些看法都很有意思，造成这样的观感也不奇怪。

首先，事实本身已经足够八卦。如尼尔·伍德案，在 2012 年 8 月新华社通稿出来之前，我也想不到还会有“一记耳光”这种动作，“酱油壶”这种道具，“化作青烟，驾鹤西去”这种台词。种种匪夷所思的细节，犹如一场光怪陆离悬念百出的好莱坞大戏，又好比刘老根大舞台上的乡村爱情故事，即土且二，充满八卦及恶搞元素。

其次，是王立军和重庆事务的口径限制，导致报道受限，报道不充分。这种报道限制，不仅存在于薄王倒台前的重庆。重庆问题，事实基本面的还原都远远没有做到，更谈不上检讨、反思和清算。对执着于重庆报道的媒体，不明就里的外人以及部分业界同仁们还屡屡责以“落井下石”的罪名。这就是重庆问题上媒体面临的悲哀现实。

第三，过去媒体包装的结果以及受众的英雄情结。这是一个非常重要的因素。王立军从警28年来，一直在浓妆艳抹的包装之中，媒体以及网络所打造出来的英雄与硬汉形象，上“绑架”领导，下“浸润”群众，已成源远流长的“立军文化”，影响深远。

最后一个问题是技术上的传播困境，包括网络传播与纸质传播、部分传播与整体传播、传播与发行、管制之间的矛盾。这种传播困境造成的一个后果是，相当数量的评论者仅仅看到八篇报道里的一篇稿子，遽下以为窥斑见豹实为盲人摸象的结论。

但必须要承认，因种种原因，这组报道并非完美无缺，仍然有相当多的缺陷，我以为主要体现在以下几个方面：

1. 没能涉及到王立军案的辩诉交易内幕，特别是没能交代清楚王薄关系；

2. 没能涉及到王立军本身的贪贿问题，这点其实已由纪委和法庭坐实部分；

3. 打黑资金流向问题没能涉及；

4. 王的作风问题。此点已为纪委通报证实，恰恰是这个最为八卦的部分，我们也没有涉及。

令人欣慰的是，前述财经、GQ和新世纪等几家媒体的后续报道，某种程度上弥补了我们的缺陷。由此更见市场化媒体针对不应回避的共同标的，基于新闻专业主义的时代使命与艰辛努力。

周刊这组报道能顺利出来并有惊无险，和这些兄弟媒体此前的铺垫，此后的跟进有莫大的关系。和那些一直在前线搏杀，承受着种种压力，至今默默无闻的同行比起来，和那些在重庆不受制约的权力之下，被荼毒被侮辱被伤害的不幸群体比起来，端坐后方其实毫发无损的我，受些惊扰实在是算不了什么。念及这些，我内心深处，充满感恩。

转型社会的警媒关系

在《王立军是如何炼成的》一文中，我写道，王立军是一把手独大的干部人事体制、警权独大的公安司法体制、警界内外渴望变革的情绪等多种因素的产物。我特别想说的是，他同时也是畸形警媒关系的产物。

在过去三十余年中，转型中国的警媒关系经历了《法治在线》式的伙伴与同盟关系、“孙志刚案”式的监督与反制关系之后，现在已经进入了互不信任与互相利用的第三阶段。

操作这组报道，我的终极目的，即是想探讨建立现代警媒关系的可能性，探讨警察权与媒体监督权如何在健康的轨道上运行，而不至于成为特务政治与民粹情绪的牺牲品。我想，依法用警与依法治警，以及新闻操守与新闻专业主义，这些关键词所寄予的，正是未来中国所迫切需要解决的。

监督公权力特别是监督警权，从来都是南方报业特别是南都报系的核心价值观之一。十年前陈峰、王雷的《被收容者孙志刚之死》是这样，几年前龙志的《彭水诗案》和安元鼎截访公司的报道是这样，四年前我本人的《上海乌龙剿匪记》也是这样，今天我们团队的《起底王立军》还是这样的报道。

这组报道，后获南都周刊 2012 年度大奖和首届南都全媒体年度大奖，也被收入南周 2012 年传媒年度致敬丛书。

在 2013 年 3 月 30 日的南都全媒体颁奖晚会答谢词里，我如是写道：

“《起底王立军》，是我和周刊的新闻团队做得最艰苦的一次报道。操作这组报道过程当中，”

“没有南方报业薪火流传的企业文化，没有集团领导的包容，报道出不来；没有分管社委黄常开、总编陈朝华、执行主编许庆亮的担当，报道出不来；没有我的搭档潘葱霞过去一年来在日常采编事务上的分担，没有主力记者季天琴等的前方突破，报道出不来；没有那么多冒着各种风险用各种办法给我们提供了巨大帮助的人，没有那些在最艰难的时刻也死死守护着正义和良知底线的热心人，没有那些我们还没有办法公开言谢的朋友们，报道出不来。”

“为了守护南都的传统和文化，在过去十多年中，南都报人付出了昂贵的代价。让我们记住那些用鲜血和自由，用泪水和汗水捍卫我们的核心价值观，那些本应该也来到今天这个颁奖现场的前辈和师友们。这组报道今天获得的这些荣光，不止属于我们，也属于这些筚路蓝缕的前辈和师友们，属于南都报系的核心价值观。”

（作者系资深媒体人，时任南都周刊编委）

让沉默之物发声

——《走出马三家》采访手记

□袁凌

袁凌

一

2008年奥运前后的一天，我在北京一处家庭聚会中初次见到王玉萍。当时，她刚从马三家女子劳教所出来，身上有一股味道。我克服自己的嗅觉，没有挪开位置，这样我初次听到了一个关于劳教和上访的故事。

后来我去到北京南站的上访者居住区，看到平房里的大通铺，人体混浊的气味和遭际的苦涩融合在一起，浓得化不开。我也走进了一些地下室和偏远的村落。随着冬天来临，我参与了在上访者们当中发起的公益活动，日渐深入这一群体。一些隐晦的内情逐渐向我敞开，我看到了从劳教所里带出来的身体印痕，听到一个已经残废的女人讲述身受大挂、老虎凳、死人床的经历。她平淡地提到的这些名词，在我听来却悚然惊心，似乎来自一个远古的蛮荒时代，超出了记忆和理性的边界。对此似乎只能无言。

但记者的天职是发声。我心底从此存储了一个愿望，想要说出这些名词。随着一次次听人重述，看到一张张无法消除苦纹的面容，这个愿望越来越强烈，却又需要用更大的耐心埋藏，因为很难找到说出的时机，而它们携带的风险也是难以准确估量的，也许根本没有做出判断的前提。我曾经向从前供职的单位提出选题，自然无果而终。就我个人而言，也存在着勇气和心理能力的欠缺。我似乎还没有准备好去面对这一题目。

两年之前，有人交给我陆秀娟的上访日记。这份写在棉衣衬里和卫生纸上的密麻麻的日记，使我第一次目睹劳教所内生活的第一手记录，和以前听到的讲述恰成映衬。相比于语言，这些幸存的物证有一种经过痛苦打磨后的坚实质地，带有不由分辨的说服力量。它使我感到，有可能通过语言、物证的互相配合，经由类似考古学的努力，让沉默者发声，还原真相，穿透一扇看似根本无法透视的墙。

我开始注意搜集被劳教者们的材料，他们也往往主动送给我，这些打印、复印或者手写的材料渐渐积满了一个大袋子，呆在我出租屋书堆的一角。多数的时候，我没有心力打开翻看，它们的沉重似乎过于千篇一律，仅仅复制的力量已经可以压倒一个阅读者。它们越来越庞杂沉重，在某些时刻，仅仅是出于良心的歉疚，我会拾起它们的片纸零册翻看，然后又放下，不知道如何对待材料中或许是用不无偏执的语调讲述的事实。

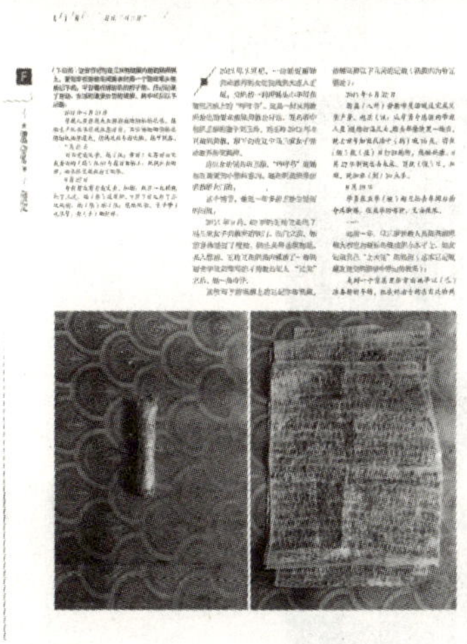

出于机缘，我接触的劳教者群体渐渐集中于辽宁省马三家劳动教养院（后改成劳动教养所）女子教养所。相比于男性被劳教人员，她们的记忆似乎更为清晰，能够忍耐着把身受的疼痛讲述出来。我做了很多次她们的录音，储存在电脑中，偶尔放出来听听。她们的声带，有的已过花甲之年，有的还年轻，却强行被打上了沧桑印记。

另外，我也积攒了一些从劳教所里带出的针头线脑，这些小物件也在我的抽屉里渐渐变得沉重。有些时候，我想用文学去表现它们。另一些时候，我觉得它们注定只能像这片国土上的众多证物一样归于湮没，而我是一个乏力的见证人。

数年期间，劳教制度像是一个不能碰的冰盖，律师、媒体和人大代表联手的努力屡屡归于失败。我也曾在“两会”期间，鼓动一位本省可敬的人大代表提出议案，但没有下文。对于那些故事的讲述者，我欠的债感觉越来越多。我知道她们在努力生活，我吃到过梅秋玉在北京南郊平房里亲手做的豆腐乳，也跟众多被劳教者一起吃过他们亲手做的团圆饭，原料包括从新发地市场捡来的菜叶。但在生存之外，她们也需要真实。

二

2012年下半年，随着薄王事件揭底，劳教的冰盖出现了裂痕。我所在的《财经》杂志刊发了系列关于王立军治下劳教案件以及劳教制度探讨的稿件，我也受命写作过一篇《劳教不废则众恶归之》的社论。原有的念想在情势激发下渐渐苏醒，我感到在眼下对劳教的探讨中，缺乏一篇全面真实展示劳教所内生态的文字。没有这篇文字，对劳教制度批判的说服力就还不够，根基还不够扎实。

春节以前，我把选题的构想向法制组和LENS杂志领导提出，得到支持。至此稿子的操作进入实质阶段，我和实习生徐霄桐以及摄影记者甄宏戈一起，开始大面积走访出自马三家女子劳教所的人员，理想状态是达到十几个人以上，其中不少人是回访。

在北京南郊东高地，我集中接触到几批劳教人员，包括稿件中提到的陆秀娟、刘华、梅秋玉、盖凤珍等，看到她们佝偻的步态、花白的发根和身上的伤痕。绵绵不绝的讲述再次考验着我的心理承受力，每次长达数小时的采访使人精疲力竭。

回到家中，我重新打开尘封的布袋，翻检以前的材料，重整心力面对它们。我发现了很多以前没有注意的东西。同时，在劳教人员那里，我也发现她们竟然竭力保存了如此多的物证，又是在难以设想的艰难中保留和携带出来的。以梅秋玉为例，这个南方出生遭遇计划生育不公的弱女子，

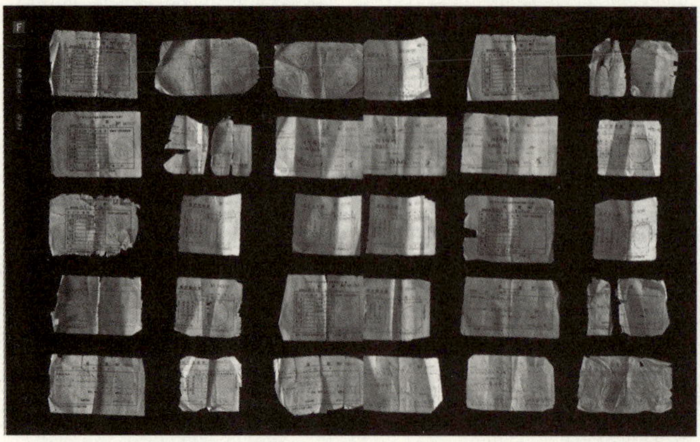

在长达一年多严密的包夹和搜检中隐藏下来了几份物证。而冒险记录和携带上访日记出所的刘华、王桂兰等人亦值得敬佩。我想到了以前马三家劳教人员在出口商品中夹带控诉信的事件。

我感到她们远比我原来想象的富有证据意识、理性思维，只是她们身上的这些价值没有机会体现。没有她们自己的努力，我们永远也不可能披露劳教所高墙里的内情。

自然，也有在长期受虐之下精神濒于分裂，或者身体处于崩溃边缘的。我和朱桂芹在东单见面，因为想找一家聊天的咖啡馆而一直走到张自忠路。开始走得很急，后来我发现她带着一厚包材料已经难以跟上。我明白这是教养院造成的后果。她过于瘦小的身体似乎冒出蒸汽，颓然坐在街边。这一幕一直留在我心上。正是她提供了很多关键的诉讼书证。

我也发现，关于劳教所内情的资料，并不像想象中的那样罕见。一些有良心和专业水准的当地律师参与了劳教案件，有些还留下了取证笔录，成为有说服力的书证。这些律师也接受了我的采访。作为地方律师，他们敢于接手此类案件和调查取证，本身就担负着风险。

在被劳教者的不懈争取下，官方也被迫留下了部分文字材料。虽然其中大多避重就轻，但也提供了部分事实的线索。

一扇沉重的大门，一旦真的鼓起勇气去推开，就会显出门上的裂痕。在这个时候，真正需要克服的，是内心的倦怠和虚无感。这正如同我在写作《守夜人高华》时曾经提到过的，“克服恐惧、虚无和日常生活的平庸感”。不管是一部宏大的学术著作或一篇稿件，都需要这种自我克服。

三

在北京的调查基本完成之后，我去了沈阳。当时，北京已有春意，沈阳却是冰雪厚积。

对于能探究到什么，我心中无数。我跟着一起行政诉讼案件的当事人去了马三家，它过于遥远，似乎与和其他中心城市一样快速发展的沈阳无关。

这是一座真正的劳教城，占地广袤，气氛肃烈，似乎并未受到近来的解冻影响。57 年的历史，造就了它现在不同寻常的格局。劳教城的入口挂着思想学校的牌子，但里面多座劳教所、戒毒所皆是高墙铁丝网，现代化的监禁设备在寒冷的太阳下栩栩发光，显示着这里的暴力已经改换了形式，往往披上文明的外观。

我没能随家属进入在劳教所内开设的法庭，但目睹了封死窗户的劳教车间，以及大院里高高矗立的雷锋像。正值学雷锋日，这位“对同志像春天般温暖，对敌人像秋风扫落叶一样寒冷”的一代精神偶像，第一次在我心中和劳教所联系在了一起，也领悟到劳教制度的历史悖谬：在“人民内部矛盾”的定性和“教育感化第一”的理论下，实行的却是对“阶级敌人”或罪犯的专政。

在这座沉郁的北方城市里，经过几天中的奔波辗转，我终于接触到一些人和线索，尤其是敢于讲述情况的内部人士，他们让我明白，任何地方，在看似灰漠一片的铁幕背后，仍然有正义存在。当我在约定接头的地方终于等到来者，我的心在寒风中涌起暖流，明白自己终于从另一面接触到了事实的核心。

这足以补偿我通过正面渠道在司法厅及下属劳教局等部门遭遇的寒冷。传达室的反复推诿，门卫的呵斥，终于进入大楼后因为没有官颁记者证遭遇的得意的拒绝，使我尽尝在中国做一个调查记者的内心分裂：追寻事实的使命感和面对体制的卑微。但比之在司法厅信访局门口空等终日的七旬老妇，这种分裂是一个媒体人理应承担的。

最后，需要面对的是繁杂的材料，像一堆闪着金属的光、冒着烟的灰烬，需要在其中翻找、穿插、剪裁、印证，使已经被埋没焚化的它们重新具有呼吸，站立起来并且发言。也许，它们活过来需要的其实并不多，只需一点心血。但要把针刺入自己的心腔，取得这一点心血，对于我来说仍极其艰难。如果不是几年以来交往的记忆、亏欠的内疚，不是这些材料本身发出的呼吁，我是无法从它们之中走过来的。

稿件见报的情形仍历尽曲折，幸赖供职的《财经》和《LENS》诸师友顶住压力发表。为了这个似乎不合时宜出生的孩子，幕后努力者不止一人。我深深感到，邪恶本身具有一种能量，能遮蔽掉接近它的很多努力。但与此同时，真实本身拥有的力量仍旧无可匹敌。让沉默者发声，这就是媒体人该做的。

四

在写作《走出马三家》稿件的间隙，我写了一首诗，保存一些难以通过稿子传达的感受：

上帝不能把她们皮肤和神经丛上的颤抖
带出大门
她们自己也不能
因此她们替神

留下在场的物证

我像一个考古专业的肄业生
在踝骨上寻找
铐齿的印记
在太阳穴里追蹑
电击的轨迹
在官方判决的铁壁上
摸索真相的裂痕
想要发掘出一个人
一个碎裂成泥又拼接起来的人
一个只燃烧一瞬的火柴人

一个人的存在
才能保存真相
神不能
她们也不能
她们的记忆被人扣留
舌头打结
阴部受到检查
脑子里固执的想法
被铁丝反复刷刷
直到刷掉那个字的写法
简单的一撇一捺
没有人
这里没有人
只有一个
人形的空白

我们用
将被收回的呼吸
为人形作证

（作者系 LENS 杂志记者）

过去的寒流不冷 手捂的伤口不疼

——张辉张高平冤案报道始末

□鲍志恒

鲍志恒

一向怕写人物稿，既怕了解不深采写片面，更怕情绪代替了冷静，不自觉陷入感情的泥沼。像是两年来在二张案采访中遇到的好些人，至今不知如何下笔。

一

2011年秋天，为了解河南省高院的案件评查制度，往郑州采访朱明勇。彼时，他已因樊奇杭案名震天下，但对我这个初出茅庐的“政法口”记者，他没提自己的“英雄史”，反而喋喋不休地说着一个“冤案”。

他说张高平入狱8年了，还哭着喊着要把刑期坐满，而且一直拒绝减刑；说为了给儿子和弟弟申冤，张高发背着一块腊肉四处找律师屡屡被骗；说新疆一位素不相识的退休检察官屡次嘱托他帮忙申诉，“千万别放弃”；说这起杭州的案子还牵涉在河南鹤壁的另一桩血案，一个叫袁连芳的囚犯“多次调派外地协助警方工作”，在陷害了三个无辜的人之后，获得了法院的减刑。

老朱说，已经有同行拿走了案件材料，但半年了还没动静。我也很犹豫，这显然是件费力有风险的差事。一句话：机会成本很高，发了报道还可能惹出是非。

后来的一切证实了这个判断，2011年11月底，《跨省作证的神秘囚犯》和《一桩没有物证和人证的奸杀案》见报，一位杭州政法系统的厅级官员，以“泄露国家秘密”为由，当着南方周末一位同行的面，直接威胁我：你写的都是真实的，幸好你没写“特情”、“耳目”这样的字眼，否则今天你坐不到我面前；如果还想继续报道，今天你也走不出杭州……

回想起来，那时候“才出道”，好不容易有一个好故事的线索，怎么能轻言放弃呢？

所以，那次见面后，我领受了老朱布置的“作业”：案子有多少疑点？与鹤壁的事情有何关联？袁连芳是谁？谁能调派他？

二

按图索骥，先去了安徽歙县找张高平的一审律师王亦文，从他那里复印了可以复印的全部案卷。当晚，我们在临街的餐馆吃饭，他举起一杯酒，说：这是我当律师遇到的最大挫折。

一直以来，他都称自己是小县城的“打工律师”，“和朱明勇这样的‘京城大状’相比，一辈子也不会遇到几件这样的大案子”。

阅卷、会见当事人、四处调查取证，他以为自己十拿九稳。那时，他才独立办案第二年，年轻气盛，事业才刚刚起步，就看到了人生成功的契机。然而，残酷的现实给了他兜头一盆凉水。

FOCUS 大新闻

杭州无人证物证奸杀案平反 叔侄坐牢十年后被无罪释放

以“强奸致死案”服刑近十载的张辉张高平被浙江高院再审宣告无罪 再审判决书 承认公安机关侦查程序和利用狱侦耳目获取供述等行为“不规范、不合法”

独家对话张高平：这辈子不平反不回家

“狱侦耳目”袁连芳获减刑出狱后中风瘫痪

二审宣判后，他给张高平说了最后一句话：你在里面保重，有一天，你哥哥（张高发）跑不动了，你还要出来继续跑（申诉）。

晚上，在家庭旅馆里抽完了半包香烟，王亦文陪着张高发一家人叩开了房门，叫人“措手不及”——出于职业习惯，我不希望过早接触家属以干扰自己对案情的判断，这也是为什么从老朱那儿“领命”以来并未直接与张高发联系的原因。

一屋子男人吐云吐雾，絮絮叨叨到午夜。为了弄清警方认定的作案时间、路线与叔侄俩口供的差别，找出指认现场、审讯笔录的漏洞和证人袁连芳的信息，我头疼欲裂，一宿无眠。打开窗户，屋外大雨滂沱。

第二天，到张家，了解家庭的聚散离合，要了一张张辉、张高平入狱前的照片。晚上，又飞到了河南郑州。同事摄影记者王辰在那里等我。

在安徽采访期间，刻意没去遇难女孩王某的家，并一再叮嘱张家人不要散布记者来过的消息。原因很简单：如果这是一起冤案，没有任何理由让众多人费尽心血的申诉因为一次采访节外生枝；如果这是一起真案，更没有理由去撕开受害者家人的伤口。

也没有独自去河南。通常都不习惯带摄影记者调查一起没有眉目的申诉案件。但这一次，我主动请求王辰的支援。理由也很简单：如果袁连芳真是背景很深的“线人”，我需要一个伙伴见证采访的过程，为将来稿件的真实性背书。

所以，他的工作被我界定为：陪吃、陪喝、陪睡、陪聊。关键是“陪聊”，陪我和马廷新聊。

三

2002 年 5 月，河南鹤壁发生灭门血案，一位村民连同一双幼年子女在家中被害。在公安部派员参与侦查的情况下，同村的马廷新被所谓的权威测谎专家和足迹鉴定专家认定为凶手。案件历经多次判决、抗诉、发回重审，终于在 2008 年尘埃落定，马廷新无罪获释。

回家后的马廷新，性情大变，木讷寡言，守着妻儿过着平静的生活。直到 2010 年的某一天，县检察院监所科的人上门，请他辨认从新疆寄来的数张照片，他顿时情绪失控：袁连芳，烧成灰我都认得！

马廷新说由于被捕之后坚持不认罪，很快被安排到了看守所一个特殊的号房里：例行检查不检这个号；号里的“大哥”袁连芳，连抽的烟都是狱警整条整条地给。

马廷新回忆，号子里的“二哥”一开始就给他立规矩，“以后不管是提审、会见，你回来必须如实地给‘大哥’汇报。错一句话不让你吃饭。”

终于，在“大哥”的胁迫下，“小弟”马廷新俯首认罪了。认罪书也是按照袁“大哥”的稿子一字不差地抄下来，而且连夜背会的。

“我想咬死他”，我清楚记得，这句话，马廷新反复说过多次。两年后，我也特别清楚的记得，出狱后的张高平也说：他们打我、搞我，我都能容忍，我最不能容忍的就是叫罪犯写好材料逼我抄。

基于“刻骨”的仇恨，马廷新说，2010年县检察院监所科的人上门请他“协助调查袁连芳”时，他顿时感到“报仇”的机会来了，把自己知道的一切毫无保留地告诉给了来人。

来人告诉他，新疆也发现了同样的事，袁连芳可能还害过别人，于是发来了协查函，函件中还附着七八张大头照。

马廷新说，如果不是遇到一位执着的律师，不嫌弃比差旅费还少的律师费，来回奔波于京、豫之间，揭穿了袁连芳的伪证，他不会理解“帮别人也是帮自己”。

那位律师就叫朱明勇。

四

与马廷新的长谈，坚定了我对两个“袁连芳”就是同一人的判断。

此前，已经查到符合“浙江省杭州籍”、“男性”、“有犯罪记录”的“袁连芳”仅有一人。其照片，与马廷新从数张“大头照”里当场辨认出的“袁连芳”一致。

马廷新并不知道，那些“大头照”中还有一张是新疆石河子检察院监所科检察官张飚的。

耿直敦厚的张飚，在监狱订阅的《民主与法制》上看到了马廷新案的报道，为了查找袁连芳的线索，他先后给杭州和鹤壁的检察院去函，调阅了大量材料。

10月的边疆已近严冬，采访也陷入困境。首先，退休前，张飚严格按照组织程序将二张案连同杭州寄来的袁连芳材料全部交给单位封存；其次，因案情复杂敏感，河南方面也将袁连芳的调查材料封存，并表示至少要省一级检察机关出面才肯移交。

我曾尝试寻找河南方面参与调查的人员，又十分担心暴露自己的身份和意图，导致采访中途夭折，不得不在乌鲁木齐焦躁不安地等待了一周。

一周后的深夜，律师张凯身着单衣赶到。他刚从南方某个法庭上抽身，回北京后连衣服也没来得及换，就在朱明勇的催促声中飞到了新疆。后来听说，因为“冤案”缠身，朱明勇邀请了张凯、李金星介入二张案的申诉，并告知二人此案“不仅没有律师费，还要想办法筹点钱”。

依计划，张凯带着我直奔石河子监狱。因监狱管理制度，我们在市区的监狱管理局和郊外的监狱之间来回折腾了好几趟，终于见到了张高平。

狱警当着我们的面劝说他认罪改造、争取减刑，“出狱之后一样可以申诉”，他摇头就走；我提议拍一张照片带给家人，他坚拒，因为“身穿囚服，没脸见人”。

我曾计算过，按照一般监狱服刑人员减刑的规则，如果他一开始就接受改造，或许，在此次无罪释放之前就已回家。

我问他出狱之后的打算，他反复重复一句话：下半辈子不平反不回家，要么死在监狱，要么死在北京或者浙江省高院的门口。

“那一双女儿怎么办？”他摇头晃脑，“我顾不上他们。”

在监狱的采访持续了两个小时，狱警很客气地向张律师和他的“助理”介绍了“刺头”张高平的表现，说他写下的申诉可以装满“一麻袋”。

3天后我们在南疆的库尔勒监狱会见张辉，他的表现“乖巧”得多，主动替我们和在场的狱警端茶倒水。尽管自己沉冤待雪，还不忘请求两位“律师”帮帮另一位喊冤的囚犯。在他写给朱明勇的求助信中，同样说着那位囚伴的“冤屈”。

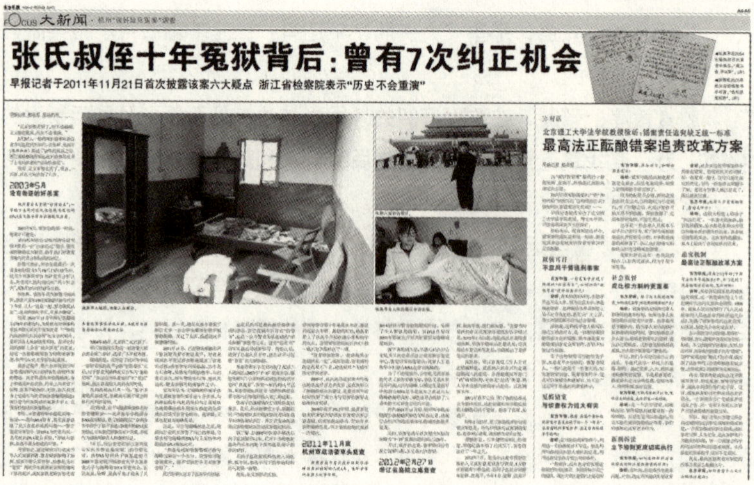
FOCUS 大新闻

张氏叔侄十年冤狱背后：曾有7次纠正机会

早报记者于2011年11月21日首次披露该案六大疑点 浙江省检察院表示“历史不会重演”

2003年5月

最高法正酝酿错案追责改革方案

五

借助律师身份的掩护，我们还顺利翻到了张飚退休时封存的袁连芳案卷。

在被严禁拍照、复印的状态下，慌忙抄下了一份减刑裁定书的文号和内文。裁定书最后那句——“多次调派‘外地’协助公安机关‘工作’，完成任务成绩显著，准予减刑10个月”，连同标点，至今一字不差地刻在我的脑海中。

小心翼翼的前期采访就此结束。抉择的时刻到了：是马上去找袁连芳，还是据现有材料写出“耳目袁连芳”？是写叔侄的申诉故事还是二张案案情本身？

副主编李鑫和部门主任黄杨给出了最后的意见。为争取时间，2011年11月21日，《跨省作证的神秘囚犯》和《一桩没有物证和人证的奸杀案》顺利签版。

权衡再三，文章刻意避免了“耳目”、“特情”的表述，通篇以一个在押罪犯跨省调动作伪证的经历为主线，提出其身上的各种“谜”，并以朱明勇的设问——谁能调派袁连芳到“外地”？“多次”是几次？“外地”就是指杭州之外的鹤壁吗？他是不是还协助公安机关做过其他“工作”？结束全文。

我理解编辑和领导的煎熬，删去了那个加进去的问题：中国的看守所里，还有多少个袁连芳？

六

整个2012年，都和朱明勇、张飚、张高发保持着联系。记不清多少个出差的夜晚，忽然就接到了张家人的电话。等待是最安静的动词，因为持续的伤感和煎熬藏在这种安静里。

每次出差遇到散落各地的同学，袁连芳和二张案都是最好的“下酒菜”。只是，万万没有料到，“真凶”竟然在我的稿子见报的第二天，就被浙江警方“发现”了。

2013年冤案平反前夕，来自法院的再审判决书透露，杭州市公安局、浙江省公安厅、公安部先后多次比对出二张案受害女孩王某指甲中残留的男性DNA，这与2005年已被枪决的罪犯勾海峰的DNA高度吻合。最初那次比对的时间正是《一桩没有物证和人证的奸杀案》见报的次日。

来自安徽、新疆的消息还显示，2012 年的春节前后，浙江省政法委、法院、检察院分别启动了对二张案的复查。调查取证的路线几与 2011 年我所走过的路线重合。

记得那年，和南方周末记者刘长、潇湘晨报记者刘洁、南方人物周刊记者赵佳月，在杭州的街头巷尾寻找了袁连芳十多天，还是无功而返。后来听说，袁已在接受当地有关部门的调查。

后来刘长不顾威胁，发出了《狱侦耳目》的报道，直接点出了袁连芳的“官方身份”，我向他恭贺：兄弟，胆子够大。

回过头看自己当年的报道，居然也有这样的表述：“早报记者获得的多份材料显示，杭州警方在此案侦查中，存在严重违反程序、非法取证的嫌疑。”

换作今天，我不知道是否还敢写得如此直白？

记得春节前的一天深夜，“打工律师”突然在 QQ 上向我招手，说得到消息，二张案即将立案再审。他兴奋地连呼：法治进步万岁！

记得我把消息告诉了张飚，电话中就传出了哽咽声。

一位多年不见的同学，看到张高平接受电视采访时捂住胸口的镜头，发给我短信：过去的寒流不冷，手捂的伤口不疼。

（作者系东方早报记者）

记者应该掌握主动权
——宗萨钦哲仁波切采访后记

□易立竞

易立竞

一

法会开始四五天了，宗萨钦哲仁波切的采访时间还未确定。

2012年10月底、11月初，在菩提伽耶的法会期间采访宗萨钦哲仁波切，是我们在出发前得到的回复。只是，具体哪天采访，采访多长时间，没人清楚，他的助手也不敢确定。到了菩提伽耶后才知道，连仁波切本人都无法确定。

法会期间，仁波切的时间安排如下：

一天一般从凌晨三四点钟开始，因为他是无教派主义者，早上所做的功课需要读包含各个教派的700页之多的祈祷文。

6点半结束后冲个澡，7点吃早饭，7：15开始接待来自世界各地请求开示的佛弟子。一般是5到10分钟一拨，一直持续到8点钟前往大正觉寺参加法会。

中午11点半法会结束，回寺院，每天和不同的人吃午餐，边吃边聊，解答各种人的各种问题。12点半吃完饭，休息大概40分钟。

下午13:15去开法会，通常16点半结束，有时候有讲座，到18点。回寺院，继续接待世界各地的佛弟子。

19点晚饭，同时继续接待客人。

19点半到21点半，属于他个人的时间，但还有钦哲基金会、莲心基金会、世界各国禅修中心的事情，说白了，还是工作时间。

21点半左右，一天终于结束，休息。

仁波切的助手Pawo说，“他在不同地方的日程是完全不一样的，但都非常紧张，总是为别人，几乎没有自己的时间。”

等待安排专访期间，我通过外围采访和观察，不停修改采访提纲。最终拿给翻译的采访提纲是100个问题。他们几乎确定这是不可能完成的事，“因为仁波切没有时间”。

二

我和摄影记者梁辰都是佛弟子，知道宗萨钦哲仁波切这位伟大上师的价值。

到菩提伽耶后，每天早晚，我们都会去离住处一百米外的大正觉寺拜佛、绕塔、持咒、诵经，在菩提树下祈祷此次采访能顺利完成。

大正觉寺是佛陀获得证悟的地方，来此朝圣的人，每张脸都很虔诚。僧服各异、语言不同的僧团的颂经声不绝于耳，一个比一个声音大，似乎都希望自己所颂的经文可以福泽到虚空里的一切生灵。处在这样的人群中，心是静的。

寺院围墙外的红尘中却是另一番景象。

从没见过一个地方如大正觉寺围墙外这般，有如此多的乞丐——年迈得坐着都觉费力的老人带着乞求的眼神托钵看着你；刚会走路的孩子步履蹒跚，却娴熟地向游客伸手乞讨；没有腿的残疾人用身子在地上快速追逐着游客乞讨；半大的孩子会一

直跟着你，朝你伸着手，你走多快他走多快，经常是，只要被一个孩子跟上，就会有一群孩子拥上来，你想突围？没那么容易，他们会左右夹击，你逃无可逃，一直走到远离大正觉寺，走到马路上，他们才会放弃。

被来过此地的人警告，不能给他们钱，给一个人，会出现 100 个围着你；给一次，他会每一次看到你经过都追着你。

每天进出寺院，心里都会经历一番挣扎，不忍、愧疚、怀疑……不敢直视他们，却又忍不住好奇地偷偷观察他们。

刚摆脱心理的折磨，走到路上，又开始经受噪音的洗礼。

曾经为旧德里的喧闹感到惊讶，但和菩提伽耶比起来，旧德里的分贝简直不值一提。在这里，电动三轮车的马达声大到会让人误以为坦克开过；汽车喇叭的声音尖厉刺耳，经常怀疑喇叭被按坏了弹不起来——长叫不停；有着劣质音箱超大音量放着貌似印度摇滚歌曲的摩托车从身边呼啸而过，这些噪音伴随漫天飞舞的灰尘肆无忌惮地扑向路人，人们必须喊着说话，不然无法听清。经常忍无可忍捂着耳朵，用尽全力抵抗噪音对自己的消耗。

即便如此，也没有等待更消耗人。

每天晚上，我都会在菩提树下打坐半小时，以此恢复精力，怕上战场时没有战斗力。

采访其实就是一场战争，两个人的对话就是一场博弈，尤其对于记者而言，气势稍弱就会被对方牵着鼻子走，结果就是，回家听录音时发现除了被采访者的声音，你没从他那拿到任何有价值并想要的答案。

我们每天全副武装等待那声令下。

三

11 月 1 日，Pawo 说，“面对面采访的可能性不大，仁波切实在没有整块儿的时间，你把录音笔给他，他只要抽出时间就可以对着录音笔回答问题。”

这和电子邮件采访有什么区别呢？

我把录音笔给了 Pawo，但不肯放弃面对面的采访。

“给我一个小时就行！”

一个小时对仁波切来说太难了。

“好吧，那 40 分钟？半个小时总行吧？”

当天晚上，Pawo 短信让我们第二天早上去仁波切菩提伽耶的寺院住处，初步预定采访时间早晨 7 点多开始。

11 月 2 日，我们 5 点起床，做采访前的准备，包括去大正觉寺拜佛。

不到 7 点，我们到了仁波切的住处。此时，他房间外的走廊上大概有十几个人在等待，三两个人一拨，从他的房间里进去、出来，不断再有新面孔出现在走廊上。

隔三五分钟，我就看下表——到了 7 点半，过了 7 点半，到了 8 点……采访的可能性在一点点变小。8：15，仁波切匆匆从房间走出来，他要赶去大正觉寺主持法会了。“抱歉，是我的问题，我会再找时间接受采访，中午吧。”

中午，早上的情形又重复了一遍。

晚上 19：30，终于和仁波切面对面开始采访。现场大概有五六个人。

为了节省时间，仁波切拿着翻译好的采访提纲直接说答案，回答完第一个问题后，直接说“NO.2……”

COVER PEOPLE
封面人物

COVER PEOPLE
封面人物

“不好意思，我还有问题。”现场所有人都愣住了，包括仁波切，有人在旁边小声提醒我：问题已经够多了……

面对面的采访不就是为了追问吗？没有追问的采访尤如一个没有深挖的金矿，怎么可能获得更多的金子。

他们意外的神情、短暂的沉默让我压力巨增。

他们以为这个追问是偶发事件。回答完第二个问题，仁波切紧接着说“NO.3……”

打断，追问。

半小时后，他接受了这种采访状态。

四

外面还有人在等待，一个小时后，他说，“今天的采访先到这吧，我们再约时间，我会把你这些问题都回答完。”

这个消息本该让我雀跃不已，可我却有极强的挫败感。

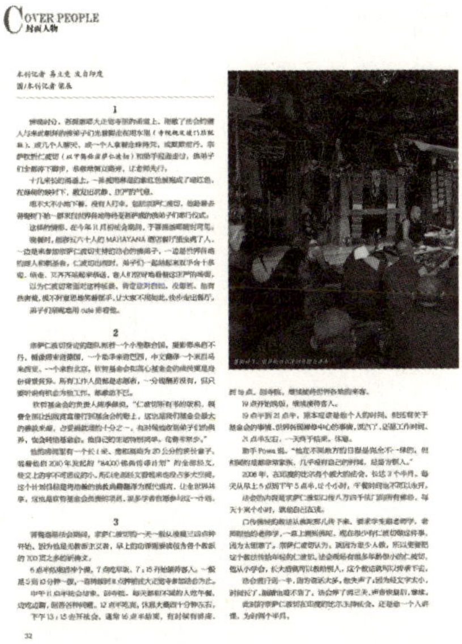

采访结束后，天已经黑了，外面下起了雨。没打伞，我绕着寺院里的佛堂一圈又一圈的走，试图捋顺自己内心的纠结。宗萨钦哲仁波切是对我影响非常大的一位上师，面对他时，我无法摆脱一个佛弟子聆听上师开示的心理。这一个小时里，虽然没有落下每一个追问的机会，可气场完全不对，我在不停地跟自己做斗争，纠正自己的心态。

这是一种被动的状态。采访中，记者应该掌握主动权，这才有可能获得一个好的采访。

我决定，下次采访时，告诉他我这种心理。

当天晚上，接到 Pawo 的短信，让第二天早上接着去采访。

五

11月3日，情况和头一天一样。刚开始，我安静地站在走廊里等待。过了一会儿，开始在走廊里来回踱步。又过了一会儿，把自己贴在墙上……看着时间一点点过去，离法会开始时间越来越近，机会越来越渺茫，我疲惫得席地而坐。

这天的采访，是在下午16:40开始的。仁波切的屋子里最少有10个人。我还没来得及告诉仁波切我昨天的心理，新的问题又来了。

采访开始10分钟左右，因为仁波切想不起一个华人演员的名字，大家你一句我一句帮着想，话题外延，大家似乎忘记我们是在采访。这中间，仁波切试图让大家安静下来，但没直说，只是在回答问题时提高了音量，可没有人意识到，他们的交流还在不断继续。

采访是一件极其孤独和没有安全感的事情，一个安静的采访环境是最基本的条件，这也是为什么在过往的采访中我坚持要求和采访对象一对一相处的原因。

这种时刻，我脆弱得像一根老化的琴弦，稍微一碰即可崩断。

嘈杂的声音延续了有10分钟，这10分钟里，我甚至软弱地盼着快点结束今天的采访……

此时，只有继续发问。用有质量的问题让大家安静下来。

“听说你有一个交往多年的女友，通常，我们体验到的爱情是痛苦比快乐多、占有欲强的状态，我想，佛弟子们都会希望知道，一个大修行者在谈恋爱时的心态。你感受到这些恋爱中的苦了吗？在恋爱中，你用什么态度去爱对方？”

“我从来没有被人问过这个问题，我要好好想想。”

大家安静下来。

我知道，此时，这个场的主动权又回到了我的手里。

采访一共进行了5次，共6个小时，文章刊出2万字。

在我心里，这件事圆满了，因为我达到了对自己的期望。

（作者系南方人物周刊主笔）

“房妹”事件中的地方思维

□孔璞

孔璞

1 月 19 日早晨 8 点，我接到郑州市委宣传部某副部长的电话，他第一句话就是：“你为什么说我们不想查？”

我花了几分钟的时间才弄清楚他为何如此愤怒。当天早晨，《新京报》评论周刊登出我的记者手记《“房妹”是怎样炼成的》，在文中，我指责了郑州市对查处“房妹”之父翟振锋的不力行为，并引用郑州检察机关工作人员的话，“我们不想查”。

接下来的一个多小时里，这位副部长对我进行了言辞激烈的讨伐，称我“抹黑了郑州”，“抹杀了郑州市委市政府的努力”，我饶有兴趣地和他辩论。这不是我们第一次这么“激烈”地争执了，在调查房妹期间，因为在稿件中指责郑州市调查不利，该副部长也曾和我以及其他记者在电话里争论不休。

说实话，我没有生气，虽然双方意见相差很大，几乎不能调和，但在争论中，我对他所持有的观点，以及试图维护的对象感到好奇，索性在采访本上记下要点。

当编辑请我对“房妹”报道写篇文章，我又想起和这位宣传部副部长的交流。关于“房妹”报道调查本身并无新意，无非是从一个爆料人到更多信息源，还原整个过程。但在此之间，郑州市对“房妹”一事的态度转变，以及宣传策略的改变，倒是颇为有趣。

从掩盖到虚应到彻查

翟振锋最初被举报是在2007年。二七区房管局某员工掌握了内部资料，举报他挪用公款3000万元。那次举报郑州市检察院反贪局于当年调查认定不具备立案条件而匆匆了结。翟通过金钱和关系的运作，成功危化解机，未受到任何处分。

2011年4月至7月，郑州市纪委先后3次收到群众举报信，主要反映翟振锋任二七区房管局局长期间，伙同其弟倒卖经适房、挪用公款3000万元及有多套房产等问题。这次纪委调查认定其弟倒买经适房与翟无关，多套房产为翟家经商所得，挪用公款3000万证据确凿，但认为是“集体决定,”，只给予其开除党籍、行政撤职处分。

据翟的朋友们说，这一次对翟“打击很大”，但他们也都认为，这么严重的指控，能“涉险过关，实属幸运”。

2012年8、9月间，翟振锋妻子经营的房地产公司与一位赵姓包工头发生劳资纠纷，赵老板找到当地网络媒体曝光翟振锋倒卖经适房一事。稿件10月30日见报，连追了3天，被郑州市“盖”了下来，并删除了相关网页。报道对翟没有任何影响。

翟振锋的致命打击来自于2012年12月26日的一条微博，微博内容与翟没有直接关系，只是提到郑州市一个不满20岁的“房妹”名下有十余套经适房。该微博迅速成为热点。

12月29日，新京报的报道就把“房妹”的父亲，二七区前房管局局长翟振锋揪了出来。随后都市类媒体和中央驻豫媒体一

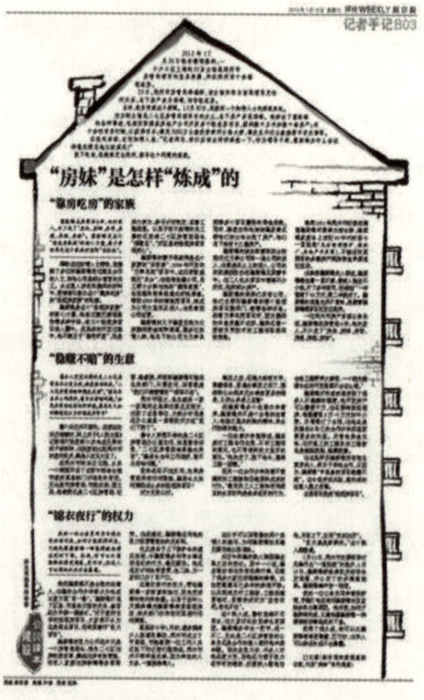
记者手记B03

“房妹”是怎样“炼成”的

拥而上，在元旦前掀起了揭发翟振锋各种劣迹的小高潮。

据郑州市官方信息，12 月 26 日，郑州市市委书记吴天君就令市房管局和二七区查办此事，28 日，市里成立专案组。但二七区的调查并不“给力”，他们只是频繁约谈赵老板商量工程款问题，拒绝记录赵反映的翟的各种问题。

元旦假期过后，各政府机关一问三不知，官方也没实质性消息。我找到郑州市一些官员咨询，他们根据郑州市惯常做法分析，认为官方在看媒体的动静，如果长时间没媒体关注放料，调查组就会悄无声息地交个内部报告了事，翟也会相安无事。

但在各家媒体的努力下，“房妹”仍占据了 2013 年开年的热点。1 月 8 日，郑州市宣传部发了份通稿，提到“1 月 8 日凌晨，吴天君要求专案组，此案不管涉及谁，都要一查到底，绝不手软”。

一位官员得知这句话后，明确告诉我，“这事来真的了，翟这次跑不了了。”果不其然，不到一周，先是翟振锋被批准逮捕，接着是专案组发布初步调查报告，虽然回避了翟振锋巨额财产来源问题，但对其倒买经适房和挪用公款一事重新认定，并强调要如果当年办案人员有责任，也将追究。

翟案进入司法程序，就此告一段落。

态度逆转或源于“紧跟中央”

从 2007 年、2011 年、2012 年 11 月初的“捂”，到 2013 年初的彻查，

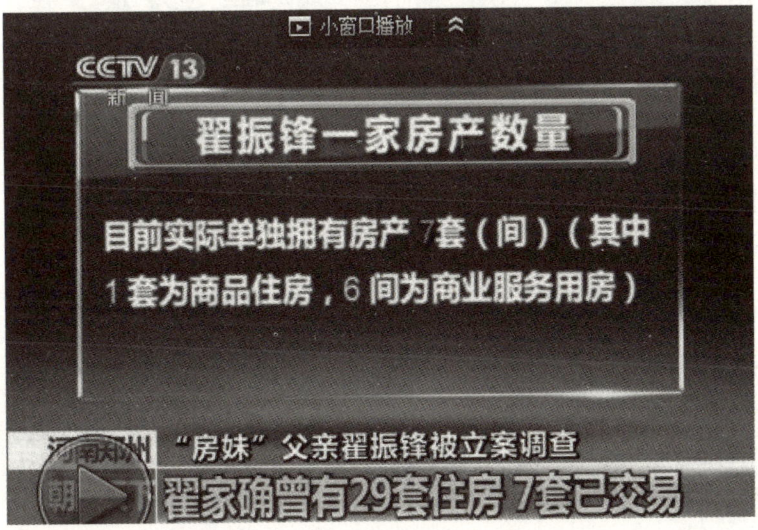

有电视媒体点评此事时将功劳归于“网络反腐”、“微博的力量”。

我对此事最初也持有类似观点，但和郑州这位宣传部副部长及郑州市许多官员交流后，我修正了这一观点。

这位副部长看到我的手记和其他媒体指责调查结果“避重就轻”的报道表示十分“委屈”，他强调，比起其他地方处理“房事”的力度，郑州市是最“给力”的，独一家进入了司法程序。

此言非虚，看看目前陕西神木对“房姐”、合肥对“房叔”打太极的处理，郑州市算是“动真格”的。

因此，这位副部长对“都市类媒体”“吹毛求疵”的报道表示愤慨，他问我为何不多写写郑州市坚决查处的态度，而这正是他和某中央党报驻豫记者交流后，认为最值得报道的。批评我非但不赞扬，还称郑州市封锁消息，疏于调查，纯属“抹黑”。

我认可他的部分说法，但也指出翟振锋被举报5年才得彻查，真不能体现郑州市调查态度的“坚决”。这位副部长回应，此前的举报不被调查可以随便写，“那是上一任领导的事”，这一任领导对待此事非常严肃。

我刚要点头称是，忽然记起来，现任的市委书记在2011年翟被第二次举报时，就已经是市长，市委副书记了；2012年10月底第三次举报时，他已经担任市委书记半年了，真有心查，何必等到年底。这一质问令副部

长也不知如何回答，他支吾了一会说："当时是当时，现在的情况不同了，领导的态度这次非常坚决。"

"当时"是什么情况？现在的情况为何"不同"？一位郑州当地官员解答了我的疑问，他问我有没有注意到十八大的召开时间——11 月 8 日。"十八大后的反腐形势，令任何地方官员都要谨慎对待"。该官员称。

我从当地媒体人和官员处还获知，这位市委书记对未来政策走向十分重视，十八大前，就组织包括都市类媒体的多家媒体报道郑东新区建设。郑州市郑东新区设计的宣传语是"中国城镇化建设中的城镇范本"。

"城镇化"是十八大的关键词之一，而郑东新区又是李克强总理任河南省省长时的重要政绩之一。一位媒体人为此"表扬"郑州市领导，"紧跟中央形势"。

紧跟中央的，又岂止是郑州，在最近的采访中，我又能重新感受到新闻报道的力量了。

21 世纪头几年我读书时，南方周末"让无力者有力，让悲观者前行"曾是新闻学子日夜念叨的箴言。然而 2008 年进入新闻行当后，我逐渐意识到，这句话离我渐行渐远。常年跑突发的我能感受到的，只是新闻报道的无力。明显的冤案，违法的拆迁，荒谬的政府行为，报道后却无法改变裹挟其中的人的命运。我虽不以改变作为新闻的出发点，但从中也一点点积累了无奈和悲观。

进入 2012 年底，在重庆报道任建宇和雷政富案的记者们聚在一起时常开玩笑说"政府的行动太快，不给我们留反应时间"。随后一系列网络曝光大都得到地方政府的反馈。

有电视台让我点评"房妹"事件，我认为网络和媒体只是推动力，关键在于这一事件发生在反腐大形势下。我对这样的"网络反腐"并不乐观，但我确实希望反腐大形势持续得久一些。

官员的宣传思维

这位直言直语的副部长和我的另一个冲突在于，政府该何时，如何发布信息。

这是个陈旧的问题，危机公关学教材写得清清楚楚，要及时发布信息，及时披露政府正在进行的努力，要让专业的部门发布专业信息……

这些我以为是常识的东西，在宣传官员心目中统统往后排，他们最先考虑到的仍是"维稳"。

据我从多个渠道了解，郑州市在事发后向全市各机关发布命令，严禁任何个人和机关接受采访，谁违反谁负责。

这导致我到任何相关机构采访，受到的接待永远是一杯白开水。更有甚者，二七区房管局办公室主任在回答房管局的职责范围时表示，“房管局什么职能都没有”。花了两天时间，跑了四五家政府机关，任何信息都没有核实到。

这是最令我难以忍受的政府做派——拒绝披露该由此部门披露的信息，还表现得理直气壮，似乎真的与此事无关。这在沿海发达地区遇到的不多，但仍是内地政府机关面对采访的一贯态度。

副部长告诉我，这么做是担心各部门说错话，但专案组要调查又要等一段时间。这期间的信息空白，“媒体应该理解”。

都市类媒体被这位部长贴上了“自私”的标签，他表示理解媒体的工作规律，但他问我为什么“不能服从大局，耐心等待权威消息，而是乱报道”。

宣传部门的官员已经学会利用媒体间的竞争关系试着来控制媒体的态度。这位官员问我，之所以指责他们，是否因为他们把消息第一时间给了中央某党报，他为这一行为向我道歉。我不发网络即时新闻，不在乎这个，但听到他如此熟悉媒体间的竞争，想到如果我发网络即时新闻可能对他产生的不满，还是有些发囧。

在几次沟通后，这位部长表达了对我和我所在媒体的尊重与失望，我无法按照他的要求去报道。而每次挂电话前，他总不忘叮嘱：“孔记者，如果我的话里有什么不妥当的，你跟我说，可千万别报道。”

2010年，郑州市规划局副局长逯军那句“准备替党说话，还是准备替老百姓说话”，仍是这个城市官员们面对记者采访难以忘记的提醒。

（作者系新京报记者）

从未知到未知

——春晚导演采访手记

□闫小青

闫小青

春晚导演还能有什么做头儿？这是我对这期封面选题的第一反应。

我刚好错过了第一次的封面选题会，副主编徐一龙给我打电话，告诉我选定的方向：春晚是一个名利场，在这个名利场里春晚导演的权力可能被无限地放大。

对此，我一无所知。

一

徐老师给了我一个简单的任务：采访主持过十三届春晚的赵忠祥，请他讲自己眼中的春晚导演和这些导演手中的权力。

我做了简单的资料准备，当天下午就给赵忠祥老师打了电话，本想约一个面访。赵忠祥以"这是个得罪人的事儿"拒绝了我要采访的内容，但却反复跟我说，"你们这个选题做不了"，"你们这是想当然"，"春晚导演哪有什么权力"。

于是，赵忠祥老师在电话里"批评"了我半个小时，而且是有理有据的"批评"。他讲的都是春晚导演所不能决定的事情（基本上都在最终呈现的文章中证实），其中最让我印象深刻的是："就是他黄一鹤不喜欢我（的主持风格），他能换了我赵忠祥吗？他做不了这个主！"后来，赵忠祥说，这些内容都可以写，也会是一篇很好的稿子。

但这个很好的稿子没有呈现出来。我再给赵忠祥打电话补充细节时，他又一次拒绝了我，因为举例子又要点名道姓。我猜他已经不记得自己点过黄一鹤的名字了。

采访失败了，我就没再多想封面选题的事情。

没想到，阴错阳差，我稀里糊涂做了 4 篇春晚导演，有两篇反响还不错。而这次“失败的采访”也给我提供了莫大的帮助。因为最终的四篇稿子都是遵循同一思路：春晚导演哪有什么权力。

二

第二次封面选题会后，选题操作思路从采访几个典型变为覆盖历届春晚导演。我又重新分到了邓在军、陈雨露、王冼平三位女导演。

因为这三位导演之前的媒体报道都不多，无法第一时间找到人物的落点，徐老师给了我很大的空间——由我自己决定主次，做一篇大稿子、两篇小稿子。

我很喜欢开放性大的选题，限定少了往往就容易有火花，但是这对信息量的要求却是几何级增长的。

我用了同样多的精力准备三

个人的采访，很快找到了邓在军和陈雨露可以操作的点，王冼平却还没有底。我就在心里初步排序：邓在军做大稿子可能性最大，王冼平则最小。

开放性大的选题往往难以预料。

结果，邓在军旅居法国，直到开始写稿都没有直接联系到她本人。我先采访陈雨露，把未知数王冼平留在了最后。

截稿前 3 天，王冼平的采访却是超出预期的。这完全就是从撞大运开始。

王冼平见到我时，表情有些诧异。她竟然认错人了！

一个跟我的名字同音的记者和王冼平见过几次面，又刚好跟她提起过要做专访。我这才得知，王冼平很少接受采访，不过既然是她邀请我到工作室，想必不能把我轰出去。

“你们的尺度有多大？”王冼平问我。

“您敢说，我们有什么不敢登的。”我只能把尺度往大里吹。

一开始，问答都有些小心，王冼平给我讲了一写自己的导演经历。

大概过了半小时，讲到春晚，我问她，您说做总导演伤害了一些人，至今都还没有道歉，这是怎么回事儿？

这个信息也是我在央视的资料里看到的，但却没有找到答案，就直接问了出来。问题意外地敲中了王冼平。

可以说，她在排斥“春晚总导演”这个身份，而没说出口的道歉可能就是最直接的突破口。幸运的是，王冼平 3 年前已经离开央视自己开工作室，所以只要她想说，那就再没有什么难题了。之后的采访也就变得宽阔

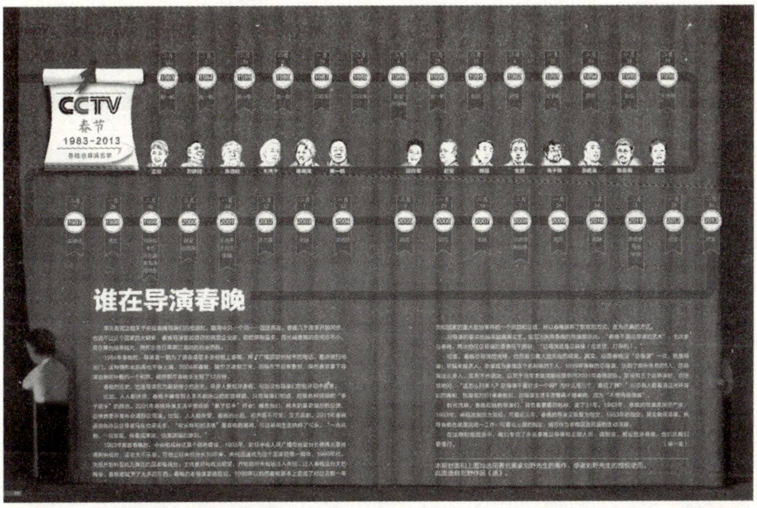

平坦。

最终，王冼平对“春晚总导演”身份的排斥帮我串起了一个立体的时间线和完整的故事。

三

自然而然，我把主稿定了王冼平。副稿还一直留着一个大麻烦，邓在军采访不到。好在王冼平和陈雨露都曾经给邓在军做过副手，可以做外围采访，我还需要邓在军的上级。

100年前，赫斯特一定告诉过前线记者，跟编辑及时沟通总能在关键时刻帮上大忙。

我的同事彭波约到了央视前台长杨伟光的专访，徐老师就让我一起去，做邓在军的外围采访。见到杨台我才知道，他是1991年“空降”到中央电视台做台长，对之前几届春晚并不了解，但杨台透露了一个重要的信息：洪民生是最了解春晚的人。

洪民生的名字，我在整理资料时见到过，春晚前十年分管文化的副台长，他和春晚之间必然有莫大关联。但“洪民生”又是一个几乎没有在公开采访资料中出现过的名字。

对未知和开放空间的兴奋点促使我向杨伟光台长要了洪民生的联系方式。一出办公楼我就给徐老师打电话，说，洪民生绝对值得单独做一篇专访。

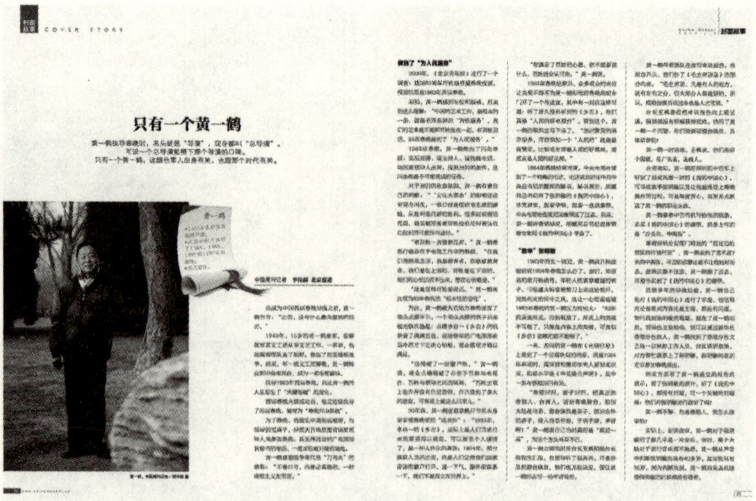
COVER STORY

只有一个黄一鹤

徐老师同意让我试试看。

采访约得很顺利。3 天后早上 8 点半，我在洪民生的家里见到了他。

一方面，我的好奇太多。为什么在 1983 年有了春晚？之前的“春晚”是什么样子？洪民生 1993 年离开央视，刚好，春晚的前十年，又是赢得掌声的十年，这和洪民生有关吗？另一方面，和洪民生有关的资料太难找了，脑袋空空的我要怎么去和一位 80 岁的老艺术家对谈？

事实是，如果找对了人，记者只要听就好了。

洪老竟然每年还都去看春晚彩排，只是开始维稳后，春晚就让老人不满至极了。他拍着摇椅的把手说，“政治毁了电视人的信仰”。

我只会在采访五六十年代生人的采访对象时才问到关于信仰的话题，没想到出生在三十年代的老人自己说出了“信仰”，当然不出意外的是话题回到了八十年代。

我问的年代越久远，老人的记忆也越清晰，聊得也就越兴奋。等我回过神儿来，肚子开始叫的时候已经快下午 1 点了。

最后的一点时间，我帮同事杨洋问了几个关于郎昆的问题，年代太近的细节洪民生反倒回答不上来，他推荐接班的胡恩副台长。

之前的采访，刚好有位导演对胡台有抱怨，我就问洪老的看法，没想到洪民生也说，规矩多了，变通少了。

这其实也会是一个不错的好题，胡恩的规矩想必不全是来自他自己，不过可惜，时间永远不够用。我把胡恩推荐给了杨洋，解决她的郎昆，顺带看看能不能捎到干货。

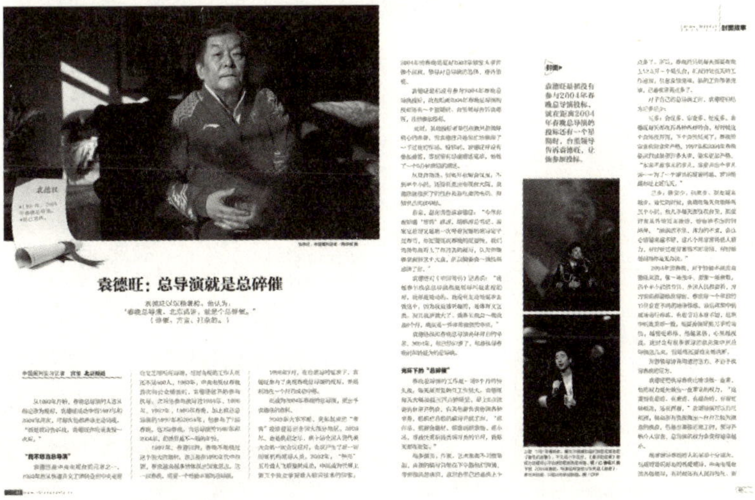
袁德旺：总导演就是总碎催

四

未知变成了已知，我不记得自己怎么写完这4篇稿子，过程一定没有观赏性，结果就是编辑放过了我严重拖稿的过失。

当然，发刊后又多了一件未知，《王冼平：我不想再做傀儡》和《洪民生：不愿做把关人》两篇稿子在互联网上转发不少，这大大出乎我的意料。

解构一种与政治体制密切勾连的文化现象，在《中国周刊》的选题意象里，这绝对算是二线的。半年前我也试图在《中国式娱乐》的封面里写娱乐化影响下的电视台，没能功德圆满。

可见，这小小功德还是属于王冼平和洪民生的，再多的解构都显得徒劳，而再大的名利场也不免都要回到——“人”。

（作者系中国周刊记者）

你的照片其实就是你

南方人物周刊摄影记者 梁辰

作为一名人像摄影师，我的工作是在短暂的接触中，去了解一个人，并用一张照片把最真实的他（她）定格下来。不过后来我又有了新的认识：你的照片其实就是你——你的情感、性格、或某种感受被取景框里的人激活，在被拍摄者的身上得以展现。因此，摄影是一种探寻，不仅是去记录外部世界和他人，更是去认识镜头后面那个隐蔽的自己。

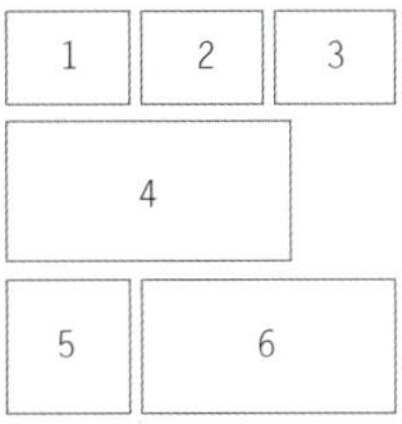

1. 2012 年 5 月 25 日，23 岁的中国渔民丛日胜在辽丹渔 23536 号上。被朝鲜扣留期间，他和其他 7 名船员在这艘渔船上度过了 13 天。

2. 2012 年 11 月 2 日，佛教导师宗萨钦哲仁波切与美国学生交流。

3. 2011 年 11 月 4 日，作家阎连科坐在邻居家被拆除的房屋废墟上。

4. 2012 年 2 月 27 日，篮球运动员马布里在北京太庙运球。

5. 2013 年 1 月 12 日，律师浦志强举着擦着了火的三根火柴。

6. 2012 年 9 月底，台湾官员龙应台站在台北一民宅前。

谁动了我的“真相”

——2012年度广东省新闻摄影年赛“未见报”奖作品赏析

■ 朱淑萍

他和他的婚礼 摄影：周平浪

10月2日婚礼当天，闻风而动的小镇居民开始聚集在两人寄宿的小旅馆外，面对路人的指指点点和不时发出的窃窃私语，陆忠选择了低头沉默。

婚宴开始前的化妆间里，“新娘”刘旺强正小心翼翼地替自己别上新郎胸花——“女方”刘旺强应该如自己心愿别上新娘胸花，还是低调地戴上新郎字样，曾经让他俩纠结了许久。犹豫再三，刘还是选择了后者。

游街过后，小城里的人们似乎已是倾巢而出。在此起彼伏的起哄声中，两人肆无忌惮地亲吻相拥。

今年的广东省新闻摄影年赛，有一类获奖照片，获得的吐槽不多，感概不少。那是今年新增的一个类别，"未见报"奖。

一般来说，好照片却不能见报的理由有三：一是不可抗力。心知肚明、心照不宣的理由，看每日特定时段接收到的信息可知。二是报纸的价值取向或者利益交换。前者其实总在变，万金油式的理由；后者没道理讲，记者权当为集体做贡献。三是编辑的水平或者版面限制。

广东省新闻摄影学会会长钟荣健力主开设这个奖项。2012 年对新闻从业人员来说，算不上是个好年景，许多人"躺着也中了枪"。钟老师说，"有些照片，当时看或有不妥，搁在时间里，意义或会变得不同"。要给好照片一个"出气口"，至少要有给"历史存照"的气魄。

当然，他也说，私心里，坚持设这个奖，是想当做个教材，给广大掌控记者"饭食"的编辑上堂"何为好照片，为什么你总找不准用不好"的教育课的。

在获奖作品中，有一组，我很欣赏的照片——《他和他的婚礼》。这组照片讲的是一对公开同性恋人的婚礼。

同性恋的故事，在当下的中国，已经算不上需要"捂嘴扭头"的禁忌事件，在年轻人当中接受度渐高，整个社会也不会再把这个小群体当成"有病"来看待。

举行婚礼前，陆忠带着刘旺强来到郑家山村的父亲坟前上香。6 个月前，陆忠的父亲由于食道癌去世，再也无法亲眼见到儿子结婚。

在外筹办婚礼，回宾馆路上陆忠疲惫地靠在了刘旺强的肩上小憩。由于家里人都不帮他们操办婚礼，两人每每都要奔波忙碌到深夜。

陆忠的姐姐是唯一应邀出席婚礼的家属。婚宴中，她一直静静地坐在角落，一言不发。包括在场记者和工作人员，当天参加婚宴的大约只有 50 人。

带着贴着喜字的摩托车队游街，陆忠压抑已久的嘴角终于轻轻扬起，紧紧搂着他的刘旺强也是一脸甜蜜。

但它仍然是个让普通读者陌生且容易被非议的话题。媒体应该在其中扮演怎样的角色？同性恋话题的故事可不可以登？什么样尺度的照片适合公开发表？

这或许并没有一个立刻可以给出的答案。就像当年的报纸上讨论是否可以刊登美女泳装照片，可以刊登在哪些版面哪种类型的报纸上一样，终有一天，答案自然而然地出来。

这组中的一张照片日前公开获奖，华赛日常生活类新闻单幅银奖。随即有媒体约稿刊登。之前，国内其实也不是没有同类题材的照片发表。似乎大家都在小心地尝试各自受众的界限。刊登有刊登的价值，不登也各有理由，有媒体担心导向不好，有些觉得既然过去这是禁区，禁成了习惯，就还是不碰保险，还有些媒体高姿态，觉得登这些新闻照片那就是猎奇，是哗众取宠，新闻价值取向不好。这一扯，就扯得高深了，不小心就是“什么是新闻”的讨论。严肃了。

就事论事，一篇报道的价值取向很大程度取决于记者报道的态度。读者也有能力分辨拍摄者对拍摄对象倾注的情感与态度。我喜欢这组《他和他的婚礼》，也尽在于这里。看照片，我不敢说记者花了多久时间，但显然，他与这一对新人沟通良好，他们在照相机面前，自然、放松。而他对他们观察细致，读者能感同身受那一丝专注、审视和叹息。这是件喜事，但专题给人传递的信息里，却又有一丝绕不开的无奈与悲伤。

至少在我看来，正是这一声叹息，已足够让媒体正视并给予发表。至于公开媒体是否应该出现“同性激吻”或之类的照片，就发表主题而言，有没有这个，其实都不重要了。

生活里，一点点的进步或许就在看似平淡的日常坚持里。生活里，别人给你的规定设置已经足够多，我们被束缚惯了，就爱呆在自己的圈子里不出来，孰不知，外面的世界早就在旁敲侧击里，远远地甩开了你。

电视里的公益片在播放一个二手物品交换品老板的话：“关键是位置，位置对了，价值就体现出来了。”

做好自己的事，价值或许并不仅仅在报纸上。

（作者系羊城晚报图片总监）

保钓反日游行

8月19日，一名深圳青年高喊着口号走在游行队伍前面。2012年8月至9月，广深两地群众多次自发举行游行示威活动，表达爱国热情，反对日本将钓鱼岛“国有化”。新华社发

9月16日，广州爆发保钓反日大游行。这是游行途中，民众和警察交错在一起。摄影 陈秋明

9月16日，广州爆发保钓反日大游行，游行队伍从英雄广场出发，途经中山路、东风路等繁华路段，最后到达位于广州花园酒店的日本驻广州领事馆门前。摄影 陈秋明

9月17日，由钓鱼岛事件引发的反日游行队伍行经广州天河区天河路时发现一辆停在路边的日系 SUV 后将其掀翻，该车后被证实属于意大利领事馆所有。摄影 王维宣

突发及其它报道摄影

4月，某市组织一项专项检查行动。由于领导行程耽误，工作人员在大雨中列队至少1小时，等待领导的讲话与发令。摄影 郭柯堂

街头夺女大战。2012年清远连州市一闹市街头，一男子疑因跟妻子闹矛盾，欲从母亲手里夺走自己的女儿做人质威胁妻子。母亲誓死保护孙女。男子最后被警察制服。摄影 王良钰

清远，一名失地农民在捡拾垃圾，身后远处的陶瓷厂烟雾不断。摄影 李细华

6月4日晚，伦敦白金汉宫广场上庆祝人群中，一位反戴英女王面具的市民在举起手机拍照。为纪念英王登基60周年，英国于6月举行了一系列庆典活动，人们以戴上女王面具这一独特而幽默的方式，表达对女王的尊敬和内心的欢愉。

Keystone 摄

铁腕柔情

这张图片是 Getty 摄影师 Keystone 在 1950 年左右拍摄的。那时的铁娘子还没有碰到她的丈夫丹尼士·撒切尔，还在使用闺名玛格丽特·罗伯茨，在 1950 年和 1951 年的选举中，出选一向为工党所占有的达特福德选区，成为当时最年轻的保守党女性候选人。画面中的她，貌美如花，在被工党占据的达特福德市做完简短的政治辩论之后，为拥护者弹奏钢琴，亲切优雅。

我从未见过铁娘子如此温柔可人的一面，她在我的认知辨识中，一度只有“铁腕”两个字，我甚至不知道她年轻时是个美人。

正在传播中的影像更注重的是她身为政治人物所带来的影响：她带领英国在福克兰战役中获胜；她与美国前总统里根并肩合作结束冷战；她将国营事业私有化的政策等等，确实，撒切尔夫人改变了英国，也将她强有力的市场理念输出到全世界。

可深夜时，看到朋友说“撒切尔夫人——这个当年新闻和报纸摘要里、电波中、12 寸电视里，熟悉的亲切叫法”时我才突然发现，她是不是英国二战后最伟大的首相对于我来说根本不重要，我一直纠缠于心的，是那些和她一同存在的青葱岁月啊。

博客天下图片总监　翁倩

编者按

2003年4月25日，南方都市报刊登《被收容者孙志刚之死》一文。

2003年6月18日，国务院宣布废止收容遣送办法。一篇报道影响了一项立法，这在中国新闻史上是没有过的事。

2003年9月5日，《南方传媒研究》的前身《南方新闻研究》的"新闻揭秘"栏目，请来作者和编者讲述《被收容者孙志刚之死》的问世过程，并从新闻学的角度总结了"孙志刚事件"报道获得成功的原因。

十年后的今天，本刊再次请来当年的作者陈峰谈谈媒体专业主义和社会责任感，以及在传媒变革中的种种感受。

陈峰说："我从来没有对媒体社会责任感和新闻专业主义的结合丧失过信心。"

“我从来没有丧失过信心”

□陈峰

陈峰

一

孙志刚案十年，以前的同事来采访，问我自己是如何总结这个案件的报道的。想了想，给出的答案是，当年这个报道如此轰动，除了舆论环境相对宽松以外，《南方都市报》的媒体责任与新闻专业主义操作的结合，再加上互联网传播，应该是最主要的原因。

2003年加入南方都市报深度报道组时，正逢报纸改版，向国外主流媒体学习，增加“社论”与“来论”的分量，重推深度报道，全面引入新闻专业主义的操作手法。这些做法并非南都最先提出，国内媒体，包括同一集团的南方周末，也早有实践。但是南都应该是第一个真正成规模应用于实践的日报，在实践中可以说是大获全胜，也加速了这些原则在中国媒体业务中得到普遍认可。

都市报这个媒体品种，大概是1995年前后出现，虽然比起传统的党报和晚报，更接近新闻纸，但是一直也没有能避开拳头加枕头式的猎奇名声。而南都改版后（那些今天大家已经习以为常的举措，当时来看还是非常的大胆，一时成为全国报纸学习的对象），客观上推动了都市报从市民小报成为得到社会精英人群（包括党政干部）认可的主流媒体。

一般民众说起来包括南方都市报在内的南方报业，更多是会提到“敢言”这个词。南方报业确实从来都没有放弃过作为媒体所应该承担的社会责任，不过媒体的本质更多的还是忠于对事实的报道，只有如此，媒体才成为一个公民社会中不可或缺的角色，如果没有媒体，公民无法对社会的方方面面有足够的了解，参政议政也就无从谈起。

但是影响力越大，责任也越大，影响力大的媒体，其报道如果出现问题，也更容易误导读者，因为媒体的权威性，是会为自己的报道担保的，这是不言自明的规则。而记者不是神，多数情况下，也不是现场亲历者（现场亲历者也经常会回忆出错），对事实只能无限接近，很难完全复原。要想不误导读者，必须有一套行之有效的报道规则，比如中立客观平衡的表述，严格的消息源要求，评论与事实分开等。这就是今天已经普遍被认可的“新闻专业主义”。

当年作为一个普通记者，跟报社领导接触不多，想不起来南都当年是否明确提出过新闻专业主义，但是无疑在那一年的新闻实践中，《南方都市报》在新闻专业主义道路上，已经走在了其他媒体前面。

二

在谈及《被收容者孙志刚之死》这篇报道时，社会公众更多的是从情感出发，赞赏南方都市报的“敢言”，对报道本身的专业性提及不多。这大概也是中国的国情所致，人们更乐意看到媒体敢说话敢批评，基本认为敢说话的记者就是好记者，但是如果事实不扎实，不仅仅会让媒体很难走远，而且影响力越大，如果不遵循新闻专业主义的要求，就更容易误导读者，当下中国，并不是没有这样的例子：知名媒体，在错误的价值观指导之下，对新闻事实进行随意的剪裁和取舍，最后的结果是影响力越大，对社会的危害也越大。

A06 深度（一） 南方都市报
深度 SHEN DU SHEN DU SHEN
被收容者孙志刚之死
孙志刚死了
南方都市报 深度（二） A07
3月17日：在广州街头被带至黄村街派出所
3月18日：被派出所送往广州收容遣送中转站
3月18日：被收容站送往广州收容人员救治站
3月20日：救治站宣布事主不治
4月18日：尸检结果表明，事主死前72小时曾遭毒打
孙志刚是被谁打死的？

而从《被收容者孙志刚之死》来看，报道的震撼力完全来自于事实本身，而绝非记者的评论和情绪的抒发。新闻专业主义的操作，完全没有伤害到新闻报道的影响力。报道刊发以后，有官员愤怒表示要告倒南方都市报，社会上对收容制度的取消也有不同声音，但是时至今日，却没有一个官员，没有一种声音，质疑过报道本身是否失实。新闻报道忠于事实本身这种新闻专业主义的操作，为社会公众的参与提供了最坚实的基础。当民意在互联网上沸腾时，收容的废止，其实已经是一个时间问题。

但是十年回望，新闻专业主义也好，都市报的主流化之路也好，似乎走得越来越困难，一方面是学术界对这些概念的认可，另一方面，中国媒体无论是在价值观还是在新闻专业主义的认知上，都出现了多元化的趋势，这一方面是中国社会多元化的体现，另一方面也是由于中国有着特殊的新闻管理体制。而互联网的冲击，让这种多元化变得更为混乱。

新闻管理体制，是一个很大的话题，中国特有的现象，这里不便展开来讲，就说一说互联网的冲击吧，这个冲击，不是说对用户和营收的争夺。

三

传统媒体的一个特征，是内容生产的精英化和传播渠道的控制。在传统媒体，编辑部是内容生产的把关人，而渠道，不管是平面媒体的发行渠道，还是广电媒体的频道落地，都是在媒体及媒体管理部门的控制之下。普通民众，作为非编辑部的成员，如果想对社会发声，就必须通过传统媒体，虽然理论上来讲，传统媒体本身应该是有大众论坛的性质，但是这种

南方都市报 重点 A05
ZHONG DIAN

温家宝主持国务院常务会议，审议并原则通过《城市生活无着的流浪乞讨人员救助管理办法（草案）》

收容遣送办法将废止

据新华社北京6月18日电 国务院总理温家宝6月18日主持召开国务院常务会议，审议并原则通过了《城市生活无着的流浪乞讨人员救助管理办法（草案）》，该办法草案经修改后，由国务院公布施行，同时废止1982年5月国务院发布的《城市流浪乞讨人员收容遣送办法》。

会议认为，20多年来，我国经济社会发展和人口流动状况发生了很大变化。1982年5月国务院发布施行的《城市流浪乞讨人员收容遣送办法》，已经不适应新形势的需要。为从根本上解决城市生活无着的流浪乞讨人员的问题，完善社会救助制度和相关法规，会议审议并原则通过了《城市生活无着的流浪乞讨人员救助管理办法（草案）》。

会议决定，该办法草案经进一步修改后，由国务院公布施行，同时废止1982年5月国务院发布的《城市流浪乞讨人员收容遣送办法》。

会议还研究部署了全国煤矿安全生产工作。会议决定，为遏制煤矿事故连续发生的势头，促进安全生产状况根本好转，当前重点抓好以下工作：一是落实安全生产责任，逐级抓好落实。二是深化煤矿安全专项整治，严格执行各项规章制度。三是严厉查处违反安全生产法律法规的责任人员，对已经发生的特大安全事故，要抓紧调查处理，并严肃追究有关人员的责任。四是加强煤矿安全生产的监督与监察，加大事故隐患的整改力度。五是加大安全生产资金的投入，对安排用于国有重点煤矿的"一通三防"（通风、防瓦斯、防煤尘、防火）的资金，要尽快落实到位，改善煤矿安全生产条件，增强矿井防御灾害的能力。

会议还审议并原则通过了《公共文化体育设施条例（草案）》。会议决定，《公共文化体育设施条例（草案）》经进一步修改后，由国务院公布施行。

■背景链接

关于收容遣送

●1951年 中国开始实施收容遣送制度，当时针对国民党散兵游勇、妓女、社会无业游民等人群，政府通过组织其劳动改造，转化为从业人员予以安置。

●上世纪60年代初 3年自然灾害时期，大量灾民拥入城市，收容救济灾民成为一项主要任务。

●1982年 我国流动人口剧增，因贫穷而流浪、乞讨的人比例减少，国务院发布《城市流浪乞讨人员收容遣送办法》，将乞讨者和"其他露宿街头生活无着的人"列为收容遣送对象。

●1991年 国务院第48号文将收容对象扩大到"无合法证件，无固定住所，无稳定经济来源"的"三无"人员。而在深度报道《被收容者孙志刚之死》，引起强烈反响，人们对收容遣送制度进行反思的声浪达到高潮。

●2003年5月14日 华中科技大学法学院法学博士俞江以及其他两位法学博士联名上书全国人大常委会法制工作委员会，认为《城市流浪乞讨人员收容遣送办法》与我国宪法和有关法律相抵触，并提出违宪审查的建议。

●2003年5月23日 我国法学专家贺卫方、盛洪、沈岿、萧瀚、何海波联合上书全国人大常委会，提请就孙志刚案及收容遣送制度实施状况启动特别调查程序。

●2003年6月18日 国务院常务会议

论坛，仍然是牢牢被控制的论坛。

互联网的出现，首先是从渠道上打破了这种垄断。从门户时代的新闻跟贴，到论坛与博客的用户产生内容，到今天微博这样的社交媒体，民众可以不再借助媒体，就直接对社会发声，

传播渠道的全面变革，必然带来内容生产方式和组织形式的变化，应该说，全世界的传媒业界，都没有做好迎接这种挑战的准备，中国尤甚。

以前一条新闻线索，要经过记者的采访，要经过编辑的把关，最后才能见诸于报纸这样的媒体。而现在一个网民直接上网发声，如果能够得到意见领袖的关注，则这种发声就会迅速放大，其力量之大，是传统媒体所难想像的。雷政富案，就是一个很典型的案例。

这时候，传媒会发现以前自己所依靠的独家新闻、时效性等都面临着挑战，所谓的自媒体，也不再讲求任何中立客观平衡这种要求，没有任何采访，甚至看不出任何消息源的消息，就可以被放出来，平衡更无从谈起，很多长篇大论，看来看去只有一个匿名的消息源，对其中涉及到的任何一方，都没有采访和求证。包括一些传统媒体人出去创办的自媒体，也大都是这种操作手段。

于是十年过去，互联网成为传媒中最大的一块增量，但是这个增

A02 湘江评论

Morning

理性 建设 负责

孙志刚事件十年祭

城管被伤害案中的一个遗憾细节

谁是微时代的谣言终结者

避重就轻的解释喜感十足

总理的矿泉水瓶与莫言家的萝卜

量，却极大地稀释了个别媒体（像南方报系和财新传媒）的新闻专业主义努力，人们开始怀疑的不仅仅是新闻专业主义，甚至开始怀疑记者存在的价值。很多人会问，如果微博上什么都有，要记者何用？

一方面在互联网和移动互联网的平台上，媒体实现了梦寐以求的爆炸式传播，另一方面，传媒自身的存在价值都受到了挑战，更不用说价值观和新闻专业主义了。

客观的讲，这种混乱也是中国的国情所在。空话套话甚至假话，多年来一直流行于中国新闻领域，当南方各媒体，追求讲实话讲真话捍卫人民的根本利益时，却被社会上一些人骂为“汉奸媒体”。再加上严苛的新闻管理环境，不可能真正有效地促进媒体业务的进步。

四

不过，作为一个多年媒体人和多年的互联网从业者，我自己倒没有那么悲观。传媒在各种新技术的冲击下，会有很多变化，传播方式的变化，内容发布形式的变化，渠道会变化，终端会变化，但是新闻价值是永远不会变。民众对媒体价值的质疑，更多是媒体做得不够好，他们看到媒体因为各种原因，能够提供的内容，并不比自媒体的内容更专业更深入。

去年《南都周刊》的王立军报道，也是一个很好的例子。之前互联网上有关王立军案的传言满天飞，其中大部分证明也是非常准确的，但是当《南都周刊》的报道出街后，一时间洛阳纸贵，想买都买不到。这篇报道如此受欢迎，我相信正是因为记者的深入采访和编辑的用心加工，完整地描绘出了王立军得势时的重庆社会生态。这也证明，如果媒体真的能够贯彻新闻专业主义，能够耐得住寂寞，为用户提供深入的报道，不仅能够有自己的生存空间，而且能够从社交媒体上抢回大部分用户。

只要世界在转，新闻就永远不会停，只要人类的普世价值没有变化，新闻媒体的价值就永远存在，关键在于，我们能否用真正的新闻专业主义，为用户提供优秀的新闻作品。

来采访我的南都同事，最后希望我能说一句话，我想了很久，说：这么多年过去，我从来没有对媒体社会责任感与新闻专业主义的结合丧失过信心。

（作者系网易网站部副总编辑、2003 年南方都市报《被收容者孙志刚之死》作者）

传媒观察「山东报业变局」

传媒观察「山东报业变局」

范以锦　符合国家传媒改革方向的市场行为

郭全中　半岛模式更有生命力

符合国家传媒改革方向的市场行为

□范以锦

范以锦

3月3日，大众报业集团半岛传媒股份有限公司与青岛报业传媒集团有限公司签署战略合作框架协议。双方本着整合资源、互惠互利、共同发展的原则，合作成立青岛新报传媒有限公司，管理运营《青岛早报》、《青岛晚报》，双方各占50%的股权。有人问是"市场行为"，还是"政府行为"？笔者认为，应该是市场行为，但也有政府力量的推动。此举与政府主管部门正在强调的改革方向是一致的，因此得到政府的认可和支持。

说其是市场行为，因为大众报业具有了与地方报纸合作的优势和能力。

其一，大众报业集团实力较雄厚。在报业严冬论在中国兴起的2004、2005年，当时的大众报业集团的利润分别为3750多万元和5200万元。既然是严冬，按理这几年在拐点中报业应该困境重重，难以脱身。事实上已有纸媒陷入深深的危机中。然而，大众报业却有着出乎寻常的表现力，逆势而上。2010年，大众报业集团总资产、净资产、总收入、实现利润等综合实力评价，进入全国报业前六位。到了2011年利润达到近4亿元，2012年利润跃升至7.7亿元，现有14报5刊1网站全部赢利。大众报业的主业优势突出，产业布局得当，赢利能力良好，发展后劲足，这使其有实力采取合作、吸收、兼并等行动，在地方报纸中拥有一席之地。

其二，大众报业有与其他报业合作乃至吸收、兼并的经验。2009、2010年，大众报业先后通过产权合作整合控股《潍坊晚报》、《沂蒙晚报》

和《鲁南商报》。在这之前已先后整合重组了《家庭生活报》等报纸。1996年接管《新闻图片周报》,更名《生活日报》,成为山东第一份生活类晨报。1999年接管《山东信息报》,更名为《鲁中晨报》,目前已是鲁中地区发行量最大的报纸。1999年接管《作家报》,更名为《半岛都市报》。2000年接管《山东经济日报》,更名《经济导报》,是全省经济类专业报纸的龙头。2000年接管《新汶矿工报》,更名《城市信报》,以商务、消费信息服务为主。青岛报业传媒集团是青岛市直五大国有文化传媒集团之一,大众报业这次与其合作,可以看作是一个有比较成熟的扩张经验的报业的扩张行动的升级。

其三,大众报业在青岛这个地方实施合作行动,也有良好的基础和条件。《半岛都市报》已与《大众日报》、《齐鲁晚报》并驾齐驱,成为大众报业集团内的三大主业报纸,被称为"三大支柱"。《半岛都市报》面向半岛城市市民,发行量已位居当地报纸的首位。广告占据了青岛平面媒体70%以上。经过多年的努力,半岛都市报已由单报发展为3报1刊1网,多种产业并举的半岛报系。2011年5月,半岛传媒股份有限公司揭牌仪式在青岛举行,半岛传媒公司引进战略投资1.75亿元,出让17.5%的股权,成为山东省首家完成整体股改的文化企业。从中可以看出,大众报业在青岛市场大举进军的雄心勃勃的气势。青岛报业传媒集团愿意与大众报业商谈合作,很大程度上看中了《半岛都市报》

青岛早报
重庆路改造最宽14车道
改造详细方案昨起公示 长沙路金水路及大桥接线立交等节点亮相 工程即将启动
穆巴拉克终身监禁
"最美司机"感动世人
曲波大婚早报送大礼
两快艇相撞9人受伤
蛟龙入海 挑战7000米

青島晚報
我国参与传销者被爆超1200万
目前仍有大小传销组织3000余个 广西等20余省为"重灾区"
面粉"白富美"好看少营养
粮食专家提醒:精加工面粉易致营养流失,多吃点含胚芽的平价面
初中派位 再创新高
蛟龙母船 明日离青
42瓶名酒 16瓶造假
桂林缆车停摆 78名游客惊魂
李嘉诚首谈 1420亿港元家产咋分配
神秘中国赌客 一夜赢1300万美元
青岛供电公司系统升级 公告

的品牌优势，也看中了半岛传媒公司良好的运营模式。

由此可见，大众报业集团过去和现在进行的合作、吸收、兼并的行动，并非依靠国家财政出钱，而是靠他们自己储备的人力、财力，做内容的理念、技巧，市场营销的创新能力，以及在品牌影响力下，社会资本参与进来的优势。这家报业集团成立之后，除了经营好机关报《大众日报》之外，其系列报《齐鲁晚报》经营效益一直保持良好势头。为了谋求进一步发展，他们早就有了扩张的战略和行动。“占领地市市场，省报集团的根才能扎牢，发展的后劲才足。否则，省报集团发展的基础就会被逐渐掏空，失掉生存的根基。”大众报业集团党委书记、董事长、总编辑傅绍万在接受一些报刊采访时曾这样说过。这一次在青岛的合作行动的成功，只不过是以往行动的继续。由于青岛市的地位及青岛日报已组建了报业集团，在这种情况下依然愿意与大众报业集团合作，自然会引起业界和学界较大的反响。其实，并不奇怪。强者可与弱者合作，也可以与强者强强联合，各自站在巨人的肩膀上成为巨人的一部分。有许多地方的报业各自互不相让，打价格战、拼成本，最终两败俱伤。是无休止的竞争还是双方有一定妥协的竞合，大众报业与青岛报业经一番激烈竞争之后，不想再打下去了，试图走一条与众不同的竞合的道路，是理性的选择。

至于是不是“政府行为”，见仁见智，可以作这样那样的猜测。可以肯定的是，国家意识形态管理部门和行业管理部门是巴不得能看到这种局面的，因为与国家倡导的传媒改革方向一致。机关报为龙头的报业集团对其他报纸的吸收、兼并行为，无疑是对机关报集团的壮大起到重要作用。而且，在意识形态管理部门的心目中，将报纸纳入省级机关报集团，也是放心的。

从国家层面的战略思路来看，做强做大主流媒体，巩固国家舆论阵地，是国家意识形态管理部门多年来一直思考和实施的。有两件事也许很多人没有认真关注思考过。第一件事，上世纪 90 年代中后期，国家批准成立的第一家报业集团就是机关报——广州市委机关报《广州日报》，第一家省级报业集团则是广东省委机关报——《南方日报》。第二件事，也是从上世纪 90 年代中后期开始，国家意识形态管理部门和政府行业管理部门鼓励机关报创办都市类报纸，比如四川日报办《华西都市报》，南方日报办《南方都市报》以及后来与光明日报报业集团合办《新京报》，湖北日报办《楚天都市报》，河南日报办《大河报》等，甚至连人民日报也办起都市类报纸《京华时报》。在许多省，正是都市类报纸的蒸蒸日上，改变了机关报集团的经营困境。同时，都市类报纸发展起来后又反哺机关报，为机关报发展提供了物质基础，扩版、加大发行力度等。这些都是国家意识形态管理部门所期待的。

从现有的产业政策导向来看，国家也期待通过合作、吸收、兼并等打造一批强大的报业旗舰。建立传媒旗舰，国外早就这样做了，美国六大集团基本控制了全国的报刊、广电、互联网等媒体，日本五大报纸控制了全国报纸 50% 的市场份额。中国尽管经过多次的整编，但报业散、乱、小的问题依然很突出。小舢板很难经受得起风浪，在恶性竞争中越来越难以为继。国家正在大力推进的非时政类报刊转企改制，也是希望通过体制创新，让实力强的报刊业将难以为继的报刊兼并，打造大船、联合舰队或航母。这也是大众报业梦寐以求的，而且政府多年来积极从政策导向方面予以推动。2003 年 6 月，大众报业集团被中央确定为全国文化体制改革试点单位，按照中央和省委部署积极稳妥地推进改革。目前山东省非时政类报刊改革全面启动的一个重要举措就是，把支持大众报业集团整合地市和行业非时政类报刊，组建大型传媒集团，写进了“红头文件”。大众报业的领军人物傅绍万曾作出判断：下一轮文化大发展，将是以转企为条件，以资本为支撑，以跨媒体、跨地域兼并、重组、扩张为主要途径，其结局将是一批强势传媒集团迅速崛起。

目前由于大众报业集团已在山东形成“一报独大”的局面，不少势单力薄的报刊无法与他们在竞争中拼成本，转为与他们合作。事实上，山东报业发展的大气候已是从竞争走向竞合阶段。他们的这种竞合

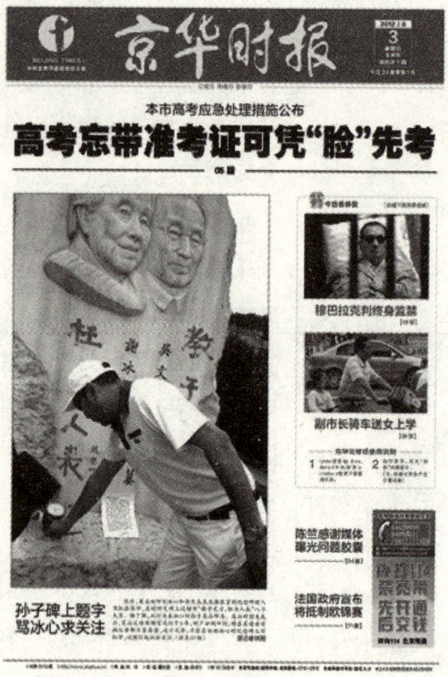
京华时报

本市高考应急处理措施公布

高考忘带准考证可凭“脸”先考

孙子碑上题字骂冰心求关注

穆巴拉克判终身监禁

副市长骑车送女上学

陈竺感谢媒体曝光问题胶囊

法国政府宣布将抵制欧锦赛

新京报

克林顿拥抱艾滋男孩

我驻布隆迪使馆遭炮轰

SARS后骨坏死患者调查

冬贮大白菜10年价最高

烈士家属获偿逾 50 万

万元重奖新闻线索

思路和行动，理所当然得到政府的鼓励和支持。山东省一位领导曾这样评价大众报业的发展模式："符合中央文化体制改革精神，完全可以做成全国报业改革亮点，探索出一种模式和方向"。国家新闻出版总署报刊司司长王国庆把大众报业集团的整合模式，作为全国报刊业改革的示范项目向全国报刊业作了强力推荐。

可以预料，大众报业的兼并行动还会延伸到外省。但是，从目前国家管理部门对跨省兼并的行为依然是谨慎的。新京报划转北京市管辖后，媒体在跨省兼并中虽想行动，但变得更为小心翼翼。如何管理没有成熟的经验，一旦发生一些主管部门心目中认为不合规的问题，就有可能收紧。放松、收紧……循环往复，这些年就是这样走过来的。跨区域合作创办《新京报》是国家管理部门批准的，尚且如此，那些擅自进入者自然风险会更大。但既然要转制，有的还要上市，最终做强做大，跨媒体、跨行业、跨区域发展是必由之路。

（作者系暨南大学新闻与传播学院院长、教授、博士生导师）

半岛模式更有生命力

□郭全中

郭全中

2013年3月，青岛报业市场发生重大变局，大众日报报业集团旗下的半岛传媒以2500万元注册资本金和1.5亿元溢价，共计1.75亿元与青岛日报报业集团成立合资公司共同运营青岛日报报业集团旗下的《青岛早报》和《青岛晚报》，在新成立的公司董事会9席成员中半岛传媒占5位，形成决策上的主导权。这既是青岛报业市场的大变局，也是山东报业市场的大变局，为我国报业市场的整合提供了一条新鲜的经验。

国内区域性报业市场的整合模式

当前，一方面由于传媒业具有很强的意识形态属性，为国家高度管制行业，另一方面由于我国传媒业条块分割的管理体制，形成了制约传媒业发展的区域划分割和行业化分割，这也导致了我国传媒业跨地区和跨行业的探索困难重重。目前，在全国性报业跨地区方面，仅有南方报业传媒集团与云南出版集团合办《云南信息报》，华商传媒集团在吉林有《新文化报》、在辽宁有《华商晨报》、在重庆有《重庆时报》；成都商报社和甘肃日报报业集团合办《西部商报》等不多的几个案例。而在区域性报业市场跨区域方面，由于各种阻力相对较小，形成了不同的模式。

首先是西江日报模式。2006年，南方日报社与西江日报社进行第一

云南信息报

山洪夜袭巧家

13人亡32人失踪

全总：中暑已列为法定职业病

一家游石林 遭雷击2死4伤

各大网站微博 都成了测试版

華商晨报

今年全国或发生流域性大洪水

沈警方公布行人电动车违法罚则

高考考点地图，告诉您哪易堵哪施工

绿岛体育场8秒爆破

雷雨明天结束 千台车已受伤

6旬老总坐公交车 出手挡"色狼"

96128

步深度合作，采取"存量不变、增量分成"的合作模式；2009年5月，双方进行第二步深度合作，即产权合作，南方日报社以现金和输出品牌等报业资源购买西江传媒有限公司49%的股份，西江日报社控股51%。

其次是辽报模式。2008年3月21日，辽宁日报传媒集团（以下简称辽报集团）与铁岭日报社实施战略合作创办《辽沈晚报·铁岭版》，2009年初，辽宁日报传媒集团还与本溪日报、辽阳日报、营口日报、阜新日报进行合作。

第三是楚天都市报模式。2009年3月2日，《楚天都市报·襄樊版》创刊，由《荆州日报》主管的《科教导报》整体划转而来，2010年12月更名为《楚天都市报·襄阳版》，2011年5月27日，经国家新闻出版总署批准，《楚天都市报·襄阳版》正式更名为《楚天快报》。2010年12月28日，在湖北省黄石市创刊了《楚天时报》。

第四是半岛传媒模式。半岛传媒模式的实践最早是半岛传媒和潍坊晚报合作，2009年11月18日，大众报业集团旗下的半岛传媒与潍坊报业集团旗下的潍坊晚报合作成立公司，半岛传媒以现金和输出品牌等报业资源购买潍坊晚报传媒公司49%的股份，潍坊报业集团控股51%。而从影响力来说，半岛模式更为典型的代表无疑是半岛传媒和《青岛早报》及《青岛晚报》的合作。此外，湖北日报报业集团收购《三峡晚报》也是采取这种模式。

第五是生活报模式。2009年12月17日，黑龙江省市两级报业结成战略联盟，《鹤城晚报》、《三江晚报》、《林城晚报》、《鸡西晚报》、《绥化晚报》5家地市晚报成为生活报的地方版，《黑河日报》、《七台河日报》将与《生活报》共同创办新的《生活报》地方版。

第六是浙报模式。目前，省报和县级报合作

的典范是浙江日报报业集团和9家县级报的合作。浙江日报报业集团的具体做法是：在资产评估的前提下浙报集团投资4000万于杭州周围的9家县市报，以净资产收益率来考核县市报当年的盈利水平。经过两年时间的探索，成效显著。

第七是成都传媒集团模式，这种模式把当地的报业、广电等传媒资源进行整合。目前，主要有成都传媒集团、佛山传媒集团和牡丹江传媒集团。成都传媒集团是于2006年11月由成都日报报业集团和成都广播电视台合并组建而成的现代综合传媒集团。成都传媒集团现拥有5张报纸、5个电台频率、9个电视频道、2家出版社以及包括被喻为“中国报业第一股”的博瑞传播（SH.600880）在内的10多家直属文化企业和50多家二、三级文化企业，产业涵盖创意产业领域的主要部分即报刊出版业、广播影视业、网络传输业、广告会展业等，是典型的创意产业。佛山传媒集团是整合佛山市所有的传媒资源而建立的横跨广电、报纸、网络和杂志的总资产20多亿元的大型传媒集团。牡丹江传媒集团是在牡丹江广电集团公司的基础上，通过整合牡丹江报业集团而成立的。现在牡丹江新闻传媒集团已发展成为一家拥有广播、电视、报纸、杂志、音像出版、网站等多种传媒资源，涵盖广告、影视、网络、印务、出版发行、传媒教育、旅游、国际贸易等多种业务领域的综合性传媒集团。

半岛模式更有生命力

目前，区域性优势报业集团都在采取各种方式积极整合区域内报业资源，以充分发

三峡晚报
关注民生 彰显公信
汉宜高铁即将通车，江汉平原跃跃欲试
今起随记者踏访沿线车站
16岁少年把眼和爱留在人间
刘翔比风还快
网传“75%电表被加速”国家电网称纯属造谣
4类严重作弊“禁考”1至3年

浙江日报
以创业创新为动力 不断深化科学发展观在浙江的实践
英雄司机吴斌感动浙江
聆听盛会的脚步
全力做好各项服务保障工作
省第十三次党代会实施代表提案制
创造新业绩 迎接党代会
万事俱备迎盛会

挥报业的规模经济和范围经济效应，综合比较上述几种模式，半岛模式的影响面更大，影响度更深，更有生命力，也更有借鉴意义。

首先，青岛市作为副省级城市，使得这次合作的样本意义更大。我国目前有 15 个副省级城市，青岛市位列其中，而其他模式合作的主体基本是地市级城市或者是县级城市。青岛市的传媒业市场规模远远大于一般的地市级城市，一地的传媒业市场主要受当地 GDP 规模、当地社会消费品零售总额和人均可支配收入等指标的影响，2011 年，青岛市的 GDP 为 6615.60 亿元，社会消费品零售额为 2232.88 亿元，城市居民人均可支配收入 28567 元，即使按照 2011 年我国广告经营额占 GDP 的平均比率 0.66% 来计算，青岛市的广告市场规模也高达 43.66 亿元。由于青岛市及其传媒业市场在我国及传媒业市场的特殊地位，这次合作就对我国的报业市场和传媒业市场有着更为重大的影响。

其次，通过这次合作，半岛传媒控制了青岛市这个副省级城市市民类报业市场。在合作之前，在青岛市市民类报业市场主要有半岛传媒的《半岛都市报》和《城市信报》，青岛日报报业集团的《青岛早报》和《青岛晚报》，而通过这次合作，半岛传媒实际控制了青岛市的市民类报业市场，也基本控制了除《青岛日报》之外的报业市场。在实现了对青岛市报业市场的控制之后，半岛传媒就可以变之前一定程度的恶性竞争为良性竞争，也可以通过采取有效发行、提升版值等手段来整体提升青岛市报业市场的利润率。此外，还可以利用这些优势，获得更多的稀缺资源。

第三，半岛模式是市场为主政府为辅的模式。由于报业有着很强的意识形态属性，因此，在其合作中必须要取得党和政府的支持，但是，是政府主导还是市场主导还有着巨大差别。以市场主导为主、政府支持为辅的模式既充分考虑了省市报合作的市场利益，又同时考虑了报业合作的特殊性，能够实现真正的合作和科学的制度安排。半岛模式无疑是典型的市场为主、政府为辅的模式，创办于 1999 年 8 月 9 日的半岛都市报，通过不断的创新，已经成为青岛市发行量最大、影响力最强、经济效益最好的报纸，在半岛都市报的强力竞争下，青岛日报报业集团旗下的《青岛早报》和《青岛晚报》的发展空间大大受限，经济效益不佳。因此，半岛模式是在充分市场竞争的前提下，半岛都市报取得了足够竞争优势的情况下，再进行合作的。

第四，半岛模式是以市民类报纸为主体进行的合作，这种合作的市场空间就更大。目前，从合作的主体来看，可以有党报和党报、党报和都市报、都市报和党报、都市报和都市报四种模式。由于青岛市报业市场的主流消费人群已经是广大市民类人群，其主要报业市场空间由市民类报纸所掌控，因此，半岛模式的市场空间更大，其市场化程度也更高。

第五，半岛模式是整体合作的模式。目前，绝大多数地市级报纸的水平较低，媒体公信力低、品牌影响力小。在这种情况下，当地即使存在潜在的广告需求，广告商也不愿意进行广告投放。因此，地市级报纸要真正实现脱胎换骨，必须进行全方位的合作，既要进行采编业务方面的合作，也要进行经营和管理业务方面的合作。当然，必须高度重视的是解决制约地市级报纸发展的最大问题——广泛存在于地市级报纸的广告价格体系混乱问题以及提高经营管理水平，而采编问题的解决需要较长的时间，非一朝一夕之功。要对地市级报纸进行全面的改造就需要省级报纸本身具有经营功能，如果省级报纸只是一个大编辑部，就很难提供较高水平的经营管理人才，也很难在短期内提升地市级报纸的经营水平，这也会对双方的未来合作造成一定的影响。

大众日报

莱芜：高标准高境界奋起赶超

我省经济增长步入结构创新优化型周期

从中国道路看科学发展

食品药品监督电话开通

山东百名贫困先心病患儿将获资助

"蛟龙"出征 挑战7000米深潜

各部门不得自设评比达标表彰项目

农工党山东省第六次代表大会闭幕

深入贯彻落实省十次党代会精神·各地动态

实施重点突破 加快转型跨越

半岛模式通过合资公司的方式实现了对《青岛早报》和《青岛晚报》的实质性控盘，一方面无疑能够更好地实现半岛传媒旗下的《半岛都市报》、《城市信报》和《青岛早报》与《青岛晚报》的区隔性定位，另一方面也能够更好地实现所有媒体之间的采编、经营之间的互动和交流。

楚天都市报

2012/6/4

鄂|东|新|闻

本报推出 10 个版的《大冶湖调查》报道后，大冶市政府首次采取治理行动

"大冶湖保卫战"打响第一枪

为讨6万元债务 3男子刀伤6人

其中5名伤者系见义勇为时受伤，行凶者最终被围水田束手就擒

第六，半岛传媒是完全的产权合作。对于双方的合作来说，只有产权合作才能真正使双方成为利益共同体，最终实现双赢的目的。而非产权的合作一方面会导致双方在资源投入和利益分配上产生较大分歧，另一方面一旦合作取得一定成果，双方可能会为了各自利益，出现合作终止的情况。

半岛模式实现的是真正的产权合作，青岛日报报业集团和大众日报报业集团同为半岛传媒的股东，双方成为了利益共同体，这样就能够更好地保证合作的长期性。而黑龙江省市两级报业战略联盟模式以及辽报集团与辽宁中部城市报社合作的模式还不是产权合作模式，还是较浅层次的合作。

第七，半岛模式是在市场化竞争的基础上实现的一步到位式的合作。这种合作方式可以更好地转变旧有的各自分割的传统观念，树立起合作双赢的新观念。

第八，这次合作也有利于半岛传媒的上市。半岛传媒自 2009 年全面启动整体改制工作后，已先后经历了会计审计、资产评估、遴选战略投资者、新增注册资本等一系列重要节点。并于 2011 年 5 月 19 日，山东大众报业集团半岛传媒股份有限公司正式挂牌。据悉，在增资完成后，半岛传媒股本总额为 3 亿股。半岛传媒实现这次合作之后，无疑将大大强化半岛传媒的经营规模和盈利能力，也有助于其下一步的上市工作。

第九，半岛模式有利于未来向新媒体的转型。当前，新媒体对传统媒体的挑战和冲击越来越大。而半岛传媒通过这次合作，基本控制了青岛市报业市场，这也为自己未来的转型争取了更多的时间、更广的空间和更高的制高点。

当然，半岛模式合作能否成功，关键还是要看未来能否更好地实现旗下媒体的区隔市场定位，并实现有效的人员、采编和经营方面的整合。而这无疑需要做更加扎实细致的工作。

合作将进一步增强大众报业在区域市场的控制力

目前，大众日报报业集团通过其旗下的《齐鲁晚报》、《半岛都市报》、《鲁中晨报》等报纸以及与潍坊日报报业集团和临沂日报报业集团的合作，在济南、青岛、淄博、潍坊、临沂、菏泽等报业市场具有绝对领先地位，并成为国内区域报业市场上实际控制力最强的报业集团，得益于强势的控制力，一直保持着很高的利润率。据了解，2012 年大众报业的净利润约为 7.76 亿元，其中主业净利润为 4 亿元左右，大众也成为报业集团的“吸金王”。

通过半岛传媒的这次合作，大众报业将进一步强化在山东省境内报业市场的控制力，其经营水平和利润水平也必将进一步受益。

（作者系国家行政学院社会和文化教研部高级经济师、管理学博士）

三问中国式韩国报道

□李成贤

李成贤

几年前，我在 CCTV 大厅与一位著名中国主持人聊天时，他提到“韩国人非常爱国，中国人要向韩国人学习”。虽然我不同意他的看法，但当局者迷，旁观者清，也许外国人对韩国的视角跟当地人不同。因此我没有反驳他的观点。

后来我发现，中国媒体经常提到韩国人“很爱国”，“开自己国家的车”、“全民支持国产”等等。虽然这些说法与实际情况有偏差，但我还是没特别在乎，因为这样的“误读”还是表扬韩国。但是，前几天当我再次从中国官方广播节目中听到主持人论及“韩国人怎么这么爱国”时，终于不耐烦了，觉得实在有点过了。为加深邻国间的相互了解，我决定探究这种误读的根源。

第一，韩国人真的只开国产车吗？

这个问题的答案肯定是：不。那么，大部分韩国人开国产车吗？是。为什么？这可能是问题的关键，而且答案其实很简单：进口车昂贵。在韩国，进口车的关税超过 50%。比如在日本、美国销售 3 千万韩币（大概人民币 17 万元）的车在韩国的销售价格是 6 千多万韩币。可以想一想，这种绝对价格差距对一般韩国人的压力，此外，进口车的零部件很贵，一旦车有毛病，维修费用很高。

与之相比，韩国国产车受到国内市场的保护，利用价格优势几乎垄断了韩国汽车市场。难怪，韩美自由贸易谈判时，美国最大的抱怨之一就是韩国通过关税保护国内市场。拥有车子的人都知道售后服务的重要性。由于国内市场的丰富资源，韩国国内汽车的修理很方便，而且修理时间也短，这对性格比较急的韩国人来说很重要，如果自己的车在高速公路上坏了，给汽车公司售后服务打电话，不管他们在哪儿，如果半小时之内修理人员不出现，公司就会收到消费者的投诉电话，互联网上也会出现许多骂该公司的留言。

如果不知道这样的韩国“国情”,只看到“路上都是现代车”的观察法，往往导致不准确的判断。

在韩国，进口车比率占国内市场的 8%，这并不是世界最低的，比如日本也是 8% 左右。但与日本不同的是，现在韩国进口车增速比日本快。2013 年 2 月，进口车在韩国市场占了 12.9%，比去年同比增长 30.8%。2012 年是韩国政府允许汽车进口政策实施 25 周年，据韩国媒体报道，25 年间，韩国进口车增加了 10000 倍。

第二，韩国人真那么“爱国”吗？

中国媒体在谈及“韩国人很爱国”时，经常提到韩国人“只开现代车”

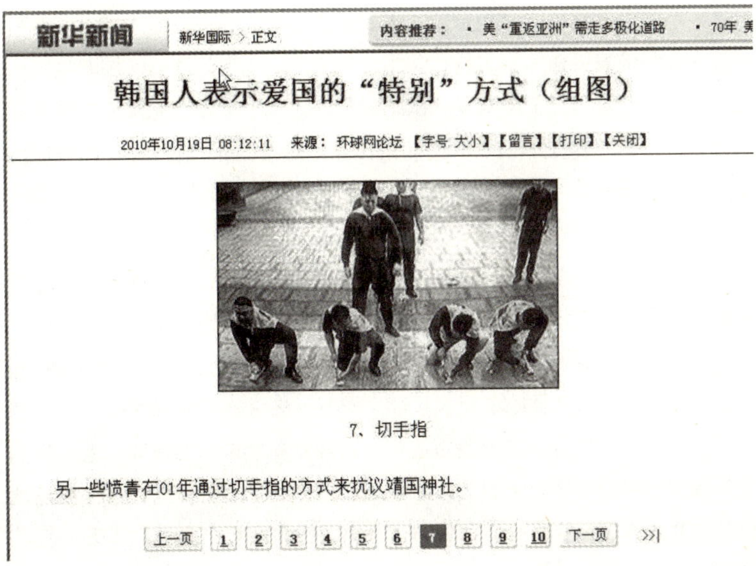
新华新闻　新华国际 > 正文　内容推荐： · 美“重返亚洲”需走多极化道路　· 70年 美

韩国人表示爱国的“特别”方式（组图）

2010年10月19日 08:12:11　来源：环球网论坛　【字号 大小】【留言】【打印】【关闭】

7、切手指

另一些愤青在01年通过切手指的方式来抗议靖国神社。

上一页　1　2　3　4　5　6　7　8　9　10　下一页　>>|

以外，还有其他例子。比如，1997年亚洲经济危机期间，韩国人纷纷把自己家中的金银细软捐给国家；一个韩国人为了表达对日本否定历史的抗议，切断自己的手指，等等。这些例子都是中国媒体夸大韩国人爱国时提到的。但是，中国媒体没有报道的是，在金融危机期间，有多少韩国企业家自杀、多少韩国人失去了工作。当时韩国的气氛是面临国家破产的危险，在这种情况下，一些人韩国人给政府捐款其实不是意外的事，可能没有捐款的韩国人更多，但由于韩国媒体要鼓励更多的韩国人参与捐款，大肆报道此事，这就会给局外人造成深刻的印象。关于切断手指的“爱国行为”，后来韩国媒体跟踪调查了这少数人的背景，他们或是极端右翼分子，或是黑社会成员（不过，是“爱国”的黑社会成员）。

中国媒体忽略的是，绝大部分韩国人不支持用这种极端的方式来表达爱国。相反，他们越来越担忧这种极端行为在国外会招致“韩国失控的民族主义”恶名。

第三，中国媒体为什么弘扬韩国人的爱国？

坦白地说，笔者认为，中国媒体这种做法，其实都是在给中国人民上“爱国教育”课。中国官方说“韩国人这么爱国”，是想鼓励中国人也应像韩国人那样爱国，韩国人只是在中国爱国教育中发挥榜样作用。因此中国媒体不会谈到笔者刚才谈到的一些重要细节。

其实，我并不要求中国媒体披露韩国人为什么“只开现代汽车”的真相，但这关系到中国宣传方式的创新，因此我必须提出并进行深入探讨。目前中国民众的信息渠道非常多样，思想日益丰富，去海外读书、旅游的人也很多，直接“翻墙”上网看国外网站的中国人也非常多，尤其是中国的知识分子。中国不再是以前那种封闭的国家。这给国家宣传带来很大挑战，因为老百姓越来越明白实情真相。在这种情况下，“向韩国人学习爱国精神”的宣传思路已经过时了。

举个例子，一般不关心政治的中国朋友突然问我，刚死的查韦斯是否独裁者？我很好奇地问她：你为什么这样想？她说因为中国官方媒体最近对他做了很多正面报道。虽然她不懂政治，但她也能从“国情”上猜到。这就是目前中国宣传面临的巨大挑战：跟不上老百姓开放的速度。

中国百姓的媒介素养日益提高带给执政党前所未有的挑战。老一套的宣传模式已经行不通，新媒体以迅雷不及掩耳媒体之势传播，往往会超越新闻的封杀速度，官方媒体已失去公信力，微博小秘书也不能天天加班。

那么，在这种变化趋势中，中国新闻宣传该如何应对？笔者的建议很简单，那就是提高透明度、说实话。每个国家政府都希望老百姓信任它，在这方面，宣传技巧至关重要，而最好的宣传技巧就是讲实话，只有这样才能提高老百姓对政府的信任感。官方媒体缺乏可信度，在没有权威信息渠道的情况下，谣言的传播必然无法遏制。

（作者系清华大学国际传播研究中心前研究员、韩国传媒学者）

旁观还是参与：传媒业如何面对金融与互联网融合？

□陆小华

陆小华

迄今为止，央行已经发出了六批第三方支付牌照，累计 223 家企业斩获通行证。其中，有哪家公司具有传媒业背景呢？面对正在演进中的互联网与金融业的融合，面对阿里小微金融服务公司这样的新金融业态的渐次出现，传媒业是仅仅旁观、见证、报道，还是同时参与并分享机会？

一

在我看来，阿里集团在没有小微金融服务集团之前，已经演变成了一个以支付宝为核心的非银行金融机构，而货流的汇聚，只不过是为信息流的汇聚与资金流的汇聚，提出了前提和理由。按照有关报道公布的数据，支付宝在 2012 年 9 月已经达到每日交易 1800 万笔，以每笔交易平均 100 元、每笔交易资金平均在支付宝停留 3 天（下单购买到收到货物后同意支付或到期自动支付）计，仅这笔沉淀资金的利息收入就远远超过淘宝平台的收入，虽然，淘宝平台的总收入中，广告收入占了 4/5。按 2011 年 11 月央行公布的《备付金存管办法》，第三方支付行业中的巨额沉淀资金，在扣除 10% 的风险准备金后，剩余利息收入归第三方支付机构所有。这还没有包括阿里集团已经在做的小额信贷的收入。

据报道，阿里小微金融服务集团被赋予的任务是“利用互联网思想和

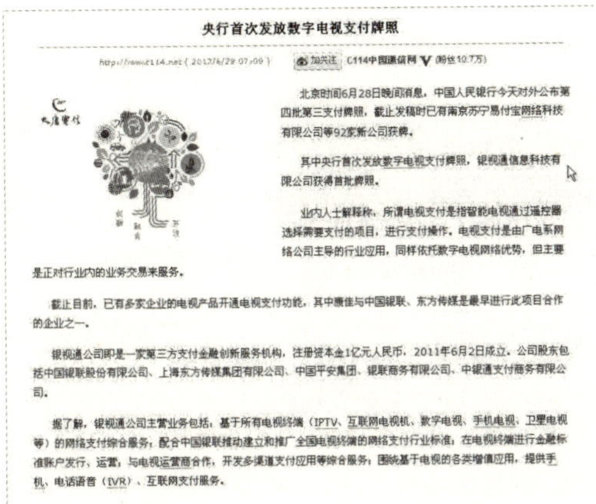
央行首次发放数字电视支付牌照

http://www.c114.net (2012/6/29 07:09)　加关注　C114中国通信网 V (粉丝10.7万)

北京时间6月28日晚间消息，中国人民银行今天对外公布第四批第三支付牌照，截止发稿时已有南京苏宁易付宝网络科技有限公司等92家新公司获牌。

其中央行首次发放数字电视支付牌照，银视通信息科技有限公司获得首批牌照。

业内人士解释称，所谓电视支付是指智能电视通过遥控器选择需要支付的项目，进行支付操作。电视支付是由广电系网络公司主导的行业应用，同样依托数字电视网络优势，但主要是正对行业内的业务交易来服务。

截止目前，已有多家企业的电视产品开通电视支付功能，其中康佳与中国银联、东方传媒是最早进行此项目合作的企业之一。

银视通公司即是一家第三方支付金融创新服务机构，注册资本金1亿元人民币，2011年6月2日成立。公司股东包括中国银联股份有限公司、上海东方传媒集团有限公司、中国平安集团、银联商务有限公司、中银通支付商务有限公司。

据了解，银视通公司主营业务包括：基于所有电视终端（IPTV、互联网电视机、数字电视、手机电视、卫星电视等）的网络支付综合服务；配合中国银联推动建立和推广全国电视终端的网络支付行业标准；在电视终端进行金融标准账户发行、运营；与电视运营商合作，开发多渠道支付应用等综合服务；围绕基于电视的各类增值应用，提供手机、电话语音（IVR）、互联网支付服务。

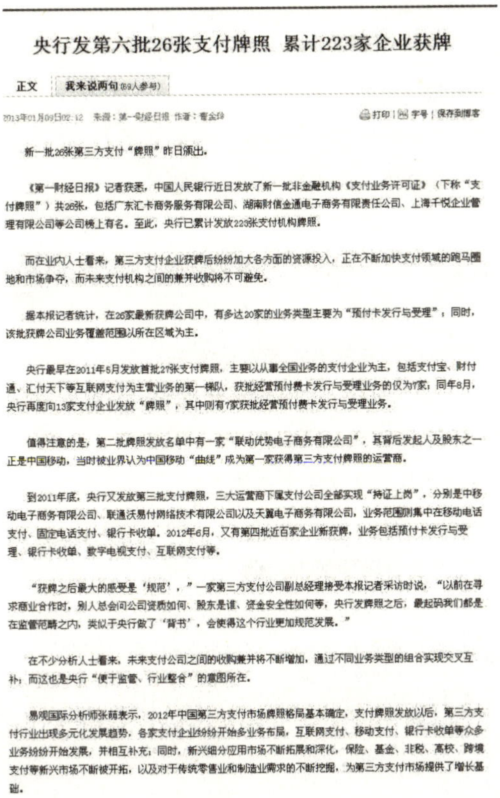
央行发第六批26张支付牌照　累计223家企业获牌

正文　我来说两句(89人参与)

2013年01月09日02:12　来源：第一财经日报　作者：曹金玲　打印 | 字号 | 保存到博客

新一批26张第三方支付“牌照”昨日颁出。

《第一财经日报》记者获悉，中国人民银行近日发放了新一批非金融机构《支付业务许可证》（下称“支付牌照”）共26张，包括广东汇卡商务服务有限公司、湖南财信金通电子商务有限责任公司、上海千悦企业管理有限公司等公司榜上有名。至此，央行已累计发放223张支付机构牌照。

而在业内人士看来，第三方支付企业获牌后纷纷加大各方面的资源投入，正在不断加快支付领域的跑马圈地和市场争夺，而未来支付机构之间的兼并收购将不可避免。

据本报记者统计，在26家最新获牌公司中，有多达20家的业务类型主要为“预付卡发行与受理”；同时，该批获牌公司业务覆盖范围以所在区域为主。

央行最早在2011年5月发放首批27张支付牌照，主要以从事全国业务的支付企业为主，包括支付宝、财付通、汇付天下等互联网支付为主营业务的第一梯队，获批经营预付费卡发行与受理业务的仅为7家；同年8月，央行再度向13家支付企业发放“牌照”，其中则有7家获批经营预付费卡发行与受理业务。

值得注意的是，第二批牌照发放名单中有一家“联动优势电子商务有限公司”，其背后发起人及股东之一正是中国移动，当时被业界认为中国移动“曲线”成为第一家获得第三方支付牌照的运营商。

到2011年底，央行又发放第三批支付牌照，三大运营商下属支付公司全部实现“持证上岗”，分别是中移动电子商务有限公司、联通沃易付网络技术有限公司以及天翼电子商务有限公司，业务范围则集中在移动电话支付、固定电话支付、银行卡收单。2012年6月，又有第四批近百家企业新获牌，业务包括预付卡发行与受理、银行卡收单、数字电视支付、互联网支付等。

“获牌之后最大的感受是‘规范’，”一家第三方支付公司副总经理接受本报记者采访时说，“以前在寻求商业合作时，别人总会问公司资质如何、股东是谁、资金安全性如何等，央行发牌照之后，最起码我们都是在监管范畴之内，类似于央行做了‘背书’，会使得这个行业更加规范发展。”

在不少分析人士看来，未来支付公司之间的收购兼并将不断增加，通过不同业务类型的组合实现交叉互补；而这也是央行“便于监管、行业整合”的意图所在。

易观国际分析师张萌表示，2012年中国第三方支付市场牌照格局基本确定，支付牌照发放以后，第三方支付行业出现多元化发展趋势，各家支付企业纷纷开始多业务布局，互联网支付、移动支付、银行卡收单等众多业务纷纷开始发展，并相互补充；同时，新兴细分应用市场不断拓展和深化，保险、基金、非税、高校、跨境支付等新兴市场不断被开拓，以及对于传统零售业和制造业需求的不断挖掘，为第三方支付市场提供了增长基础。

互联网技术构建现代金融业”。按照马云的说法，是“如果银行不改变阿里，阿里将改变银行。”“阿里小微金融服务集团业务，将致力于让10年后的现代金融更透明、更平等、更开放和更便利。”目前传统银行的征信系统，一般难以涵盖企业完整具体的经营活动，但是阿里等电商交易和支付平台积累的数据如用于征信，则有自己的优势。

诸多征象可以清晰地看出，互联网对金融生态必将产生巨大影响，不仅表现在运营模式、产品设计理念、竞争逻辑、组织形态等方面，银行等金融机构还会重新权衡终端网点的成本和收益，重新定义终端网点的功能。未来金融设计一定是以便利为核心，金融机构也一定会追求在安全基础上的低成本高收益。互联网对传统金融业的影响，有点像今天人们正在广泛关注的微信等互联网OTT业务（Over The Top，互联网公司越过运营商发展的各项业务）对运营商的影响。这在金融业，相应人们讨论的是所谓脱媒化，即一些金融活动不再通过银行这个媒介。脱媒化对银行业务影响，最明显可能会表现在银行表外业务收入减少。因为表外业务具有较强的可替代性，诸如支付与结算、担保，以及证券理财等服务类表外业务可替代性尤其明显。

但传统金融业和互联网金融业态间并不是非生即死的零和游戏。

从长远看，二者一定是化敌为友、先容后合，互联网金融主体最终将被融入未来大金融体系中。在金融生态系统中，目前的传统金融机构很可能将来依然占主导地位。毕竟，传统金融业依然具有无可比拟优势。核心在于是它们掌控主平台。金融领域一些中枢资源依然在传统银行手里。其次从整体信誉度、产品丰富度，以及大型商事主体的金融活动习惯等方面来看，传统银行仍然具有强劲优势。因而，传统金融业对互联网金融的认识一定会经过意识觉醒、产品探索、金融创新等阶段。互联网技术一定会悄悄地、迅速地影响金融业，不以任何人的意志为转移，看点在于传统金融机构能否平心静气地接受这一大势。

这样的变革，实际上是社会生产体系变革的一部分。在这样的变革面前，传媒业不能只是旁观者、见证者、报道者，而应当是参与者、分享者甚至是规则制订的参与者。

二

在互联网、移动互联网推动下，社会生产体系正在发生革命性变化，生产者与消费者间的链条正在缩短、环节正在减少，而信息流通媒介正在其中起着更重要的作用。以电商销售为代表的第六次零售方式革命，其实质正在这里。是信息平台，把生产者与国外的买手对接撮合，把商品提供者与终端消费者直接连接，而省去了传统商业链条中的相当环节，却大幅强化了信息平台的作用。

忽略传媒业中的信息部分，是传媒人的误区。现代传媒业已经与信息业不可分割。实际上，冷静观察，信息业的收益已经超过狭义的传媒业。传媒转型的基本选项，应当包括成为社会的信息产品提供者，成为社会生产体系中信息流通的重要平台与媒介。

因而，在社会生产体系变革中，传媒业不仅要不断强化作为信息平台的地位，而且应当从信息流介入金融流，成为互联网金融生态的参与者。至于参与方式，倒是可以继续讨论，寻求创新方式的。

不过，哪家媒体背景的公司申请一张第三方支付牌照如何？

（作者系新华社中国新华新闻电视网总编辑，享受国务院政府特殊津贴，曾出版多部传媒领域及经济学、法学专著）

专题「“看见”柴静」

专题「“看见”柴静」

被当作镜子的柴静

□谭伟山

谭伟山

一

随着着柴静的新书《看见》的销售量突破 100 万，微博上从一开始的一片热捧到各种恶评纷至。有《南都娱乐周刊》对柴静婚姻感情的曝光；有木子美从个人生活隐私的揭露追打；有闾丘露薇从电视新闻专业角度的批判；有董路毫不留情的喊话。

微博是个江湖，捧人和毁人都会引来一片喝彩。当中也有南京大学新闻与传播学院教授杜骏飞等人更客观中肯的评价。

一时之间，被贴上各种标签的柴静倒成了一面镜子，众人从中多多少少看见自己的影子。我以同龄人和《南都深呼吸》的制片人角度来写这篇文章。我没见过柴静，也不熟悉她的私人生活，我更愿意从业务的角度来看《看见》节目中的柴静和文字中的柴静。

二

我在 2012 年中带领 11 个人的团队开始做周播 24 分钟新闻人物专题视频节目《南都深呼吸》时，曾经对国内同类型节目做过调查研究，发现做得比较好的就只有央视的《看见》和凤凰卫视的《冷暖人生》。在谈对《看见》的分析前，有必要先谈谈对目前的争议的看法。

闾丘露薇的《谈谈电视记者这行吧》虽没明说，但很多人都能看出是冲着柴静去的，其中引出两个讨论：一是怎样才称得上记者；二是什么样的节目才称得上新闻节目。

说到底就是定义的问题，在这两个问题上，闾丘执行的是她个人的严格意义上的定义。这种为了定义上的争论是最无意义的。

去年我在微博上写了篇文章《中国为何没有战地摄影记者》，原本是因要和著名战地记者纳切威对话而写下的一篇小文章，更多在于探讨中国新闻摄影界为何产生不了接近纳切威那样的战地记者。文章写得痛快，也引来很多同行共鸣，但同时很多新华社的记者特别是战乱地区的驻外记者非常不满，最后变成了围攻。我想说的是，无论你是有意无意地作出排他性的定义，所引发的争议都是口水，而忘记我们本质的问题：你为何做记者、如何做好记者、你的工作和团队是否推动社会的毫米前进。

至于董路那篇《柴静，你能看见自己吗》，一半是刻意引用《南都娱乐周刊》的一篇采访中的片段，一半是加上个人的想象力和网民口水。在对柴静做一个评价之前，我还是回到央视《看见》栏目本身和柴静的文字

分析中去。

三

我和一个实习生一起做了一件很笨的功课：把 2012 年全年《看见》栏目共 59 期都粗略看了一遍，做了一点分析整理。以央视看见栏目官网上发布为准，2012 年初是《看见》栏目从日播到周播的改版期间，以独立故事为一期统计。看见官网上写明主持人为柴静和撒贝宁，其中柴静主持 32 期，撒贝宁主持 24 期，两期由其他人临时主持，一期无主持人。

有网友说，看见栏目分柴静组和纪录片组，制片人李伦的说法是分纪录片单元和人物访谈单元。撒贝宁只是在演播室担任纪录片组作品的串场主持，柴静有时也为纪录片组担任串场主持。柴静真正和编导在采访现场提问的节目有 28 期，其中 7 期是特别报道《柴观英伦》系列，连播 7 天；10 期是新闻热点人物采访；12 期是名人专访，名人专访中 8 期是电影或艺术领域的名人对话（李亚鹏谈的是公益，暂归名人系列，李阳家暴归入热点新闻人物，关于《冰冻星球》摄制组的专访很难归类，很突兀），3 期是体育明星；1 期是人大代表。

我特别关注节目选题，因为从中可以看出整个《看见》栏目的节目定位。总的概括：59 期节目中：社会民生问题类题材 25 期；热点新闻事件人物 14 期；名人对话 12 期，奥运特别报道 7 期。（**备注：热点新闻人物与名人对话的区别在于采访形式，名人对话似乎是为柴静专设的，从形式上看更象《名人面对面》的访谈类节目，这是柴静加入看见栏目的最大变化，如对话魏德胜、卡梅隆、李娜、李安、叶德娴、刘欢、贝克汉姆等。**）

从上面的初步统计发现：抛开非常态的奥运特别报道，《看见》改版后的最大区别是柴静的加入；传统纪录片节目占一半，另一半是围绕柴静打造的，分成两大块：热点新闻人物采访和名人对话。

从选题上看，采访覆盖面如此之大，参与人员如此之多（粗略统计一下，片尾署名中出现过的人超过 40 位，编导超过 15 位），在国内的电视专题节目中是少有的，在新媒体信息日渐碎片化的时代，还能做这种周播 30 分钟的深度节目是需要有坚持和有理想。对名人的专访央视的品牌效应还是很大的，但是央视的局限性也是非常大。在《看见》的 2012 全年题材中，没有看到重庆的选题，没有唐慧和任建宇的采访，没有周口平坟，没有乌坎选举，没有毕节流浪儿童死亡和失独者、安康冯建梅强制引产事件。在唐慧和任建宇的采访我们倒是遇上凤凰卫视《冷暖人生》的记者。

四

回到关于柴静的采访风格上，在柴静新书的第三篇就提到了在央视《新闻调查》栏目时“表演式采访”的争议，这是源于新闻调查的风格。我在 @ 刘珏欣的微博看到 :《新闻调查》纪录和展示的，是记者如何通过各种各样的手段进入事实本身，一步步获得真相，而不是报道一个事物单纯的发生、发展的过程。记者既是调查的主体，同时也是一个节目的构成元素，是调查行为的实施者、调查过程的表现者，所以，调查记者理所当然地成为这个栏目的外化标志和品牌形象。这是从一本讲述《新闻调查》理念的书中摘抄，所以换成个人的说话就是 : 柴静本身的调查、发问、表情和动作都是节目的需要，至于你认不认同这些理念就是个人喜好的问题，你不喜欢也可以不看。要知道电视的生存是要靠收视率，而能静下来看半个小时新闻访谈节目和纪录片节目的观众已不多。一些做电视的朋友告诉我 : 电视机前的观众是很少会思考的，他们需要电视节目更直接的表达。

从我个人来讲 : 不算太喜欢电视节目里的柴静，她更多的是电视节目需要。而且我认为《看见》节目里的柴静访谈都有一个致命的缺点，就是采访的时间太短，跟纪录片相比缺少了更细的观察。

我读过一篇柴静的博客文章《没有深夜痛哭过的人，不足以谈人生》，非常喜欢那种克制的文字，但是那期节目《归去来兮》我却不是很喜欢，因为我讨厌里面的煽情。另外柴静写野夫的文章我也非常喜欢，甚至是看完那篇文章才决定去买野夫那本《乡关何处》。

五

对于闾丘露薇说的单纯的出镜和提问不算记者，我从柴静的节目和博客文字来看，柴静在节目中是起主导作用的，不是花瓶。我没接触过不知道他们的具体运作，也许有机会应该去参观学习。

对于闾丘说的只关心人而不去了解背后的事件和体制原因，这是个伪命题，因为人和事是无法简单割裂和对立，只是看你节目定位更倾向于那点。柴静在新书的序言里开篇就说：十年前，当陈虻问我如果做新闻关心什么时，我说关心新闻中的人——这一句话，把我推到《南都深呼吸》的定位也是关注人，回归到个体的人。柴静对新闻中人的关注是受托尔斯泰的书的影响，我对人的关注准确来说是对个体的关注，这点上则是早年受刘小枫的影响。另外我和柴静都比较喜欢的一个人是顾准，于我来说，顾准对我的影响不是他的思想，而是他在任何环境下都没有放弃对思想的追求和信仰。写这篇文章我是把柴静和《看见》节目当成一面镜子，对我自己和《南都深呼吸》的一个反思。

我还想谈谈最近一期《兰考弃儿》。我当时也很想做这个题目，但是最后还是放弃了，一是我不确定以南都记者的身份能否采访到袁厉害和被转移的孤儿；二是被突发改变的人物关系很难拍摄到平时的真实状态。关于弃婴、社会福利保障这个题材是非常值得去报道的，后来我安排记者去采访"揭阳借孤"，我们没有出镜记者和访问式采访，《南都深呼吸》更相信影像和真实的力量。

对于柴静的书《看见》，我没有读完，这本书基本是柴静在央视10年工作经历的自传体文集。文章里很多个人经历和新闻事件的描述，读起来并不畅顺，需要有对央视新闻的熟悉和认同。

总的来说，书比节目要好，节目要迎合电视观众口味。博客上写别人的文章要比书里写自己的文章要好，博客更多的是个人记录和表达。微博上有记者以很多记者都经历过非典等大事件的采访来否定柴静的书，我非常不认可。我在部门会议上推荐大家去看这本书，不是为了崇拜偶像，而是尝试去理解一种以陈虻为中心的央视评论部新闻价值体系和他们的信仰。

你不去理解这些，正如别人也无法理解南周新年献词事件中那些在微博上守夜刷屏的人，无法理解站在广州大道中 289 号大院门口献花和激情的演讲者，无法理解为何阳光打在脸上会泪流满面，无法理解“没有过不去的黑夜，没有等不来的黎明”。

（作者系南方都市报音视频制作部副主任）

柴静与出镜记者

□刘珏欣

刘珏欣

一

采访柴静前，我注意到《看见》栏目在社会民生题材方面有两种节目形态：一种是柴静做的，她会在和当事人对话时出镜，也会在串场走路时出镜；另一种是其他人做的，除了采访对象没有其他人出镜，提问也是隐藏在画面外。后来我知道这两类节目分属他们栏目的两个组，一个是柴静组，一个是纪录片组。我很好奇为何如此。

电视的出镜记者到底是什么？同一个栏目，类似的内容，出镜记者为什么有时候出现，有时候不出现？

作为一个平面媒体记者和曾经拍过纪录片的，我对新闻的认识还是倾向于旁观不介入，稿子里能不出现"我"、"本报记者"、"本刊记者"就不要出现，除非不出现会让意思说不清楚。我对纪录片的认识也倾向于保守的"墙上苍蝇派"，更愿意让观众忘了摄影机和背后的人，不动声色记录就好。所以，我好奇柴静的片子为什么需要记者频频出镜。《看见》主编、以前也在《新闻调查》的范铭给的解释大概可以总结为：一、柴静就是作为栏目标志来《看见》的；二、除了对话时，他们也没刻意拍柴静，但也没刻意避拍柴静。我的感觉是，范铭似乎也没有把拍摄方排除在画面外的意识，这来源于《新闻调查》吗？

二

在一本讲述《新闻调查》理念和历史的书里，我看到了这样一段话：“《新闻调查》报道的不是一个事件，而是记者对这个事件进行调查的过程。《新闻调查》记录和展示的，是记者如何通过各种各样的手段进入事实本身，一步步获取真相，而不是报道一个事物单纯的发生、发展的过程……在这一过程中，记者的作用就尤为重要。记者既是调查主体，同时也是一个节目的结构元素，是调查行为的实施者、调查过程的表现者，所以，调查记者就理所当然地成为这个栏目的外化标志和品牌形象……一个没有调查记者出现的节目，不应该是《新闻调查》的节目。一个调查节目的完成，需要调动多种电视语汇，但是惟独调查记者的行为以及由此展开的调查过程，是《新闻调查》最具调查个性和最具优势的语汇。”

这让我惊讶，我知道许多优秀的纪录片是由拍摄方出镜介入来完成结构的，但我印象中的《新闻调查》，是常苦大仇深、埋头干活的那种，没想到它的理念居然还有点新潮。

《新闻调查》的前制片人、招柴静入栏目的张洁介绍，《新闻调查》是学美国哥伦比亚广播公司王牌节目《60分钟》创办的，一切制式都是学它，《60分钟》著名的迈克·华莱士就是出镜记者兼主持人。

张洁去大学讲课的时候，说《新闻

调查》的片子，严重点讲出镜记者才是主角。下面不少学生不理解，觉得你记者怎么能够比新闻当事人还主角呢？张洁解释：因为记者是串起整个结构的人。

我问，除了串结构，出镜记者还有什么用呢？张洁解释，比如你看到一个拆迁现场，那确实让人义愤填膺，但是，如果把拆迁背后的人请出来聊聊，他会辩解，出镜记者会与他现场交锋。可能有谎言，也可能有真实的困境。那带来的就不止愤怒，复杂度会完全不一样。这样做节目比起偷拍现场拿三个证据走人难多了，虽然折片率高，但是能做出来就会很好看。

三

张洁还讲了一个观点，是《东方时空》的首位制片人时间传给他的——做电视就是做主持人。当年，时间说你们编导要捧主持人，他红你们才红，要让人说起主持人就想起栏目，说起栏目就想起主持人，栏目才成功。张洁等一帮纪录片界转来的大小腕挺不忿，觉得我们干嘛要伺候你个小年轻。后来发现，有时候主持人不听话，时间就晾着他，让编导不带主持人拍，可弄出来的节目确实收视不行。"电视就是这么个传播规律。"张洁后来接受了，出镜的就应该红，但他觉得更应该让冲到一线出镜的人红。他把提问者隐藏在摄影机后面的方式称为"焦点访谈式"，说：你看《焦点访谈》，没有出镜记者，红得竟然是坐演播室的，而那些在一线的，只能在年底特庆时出来露一小下脸，多可惜。

《新闻调查》1996 年刚创办时就确立了出镜记者中心制，但因为那时候编导太强，都是各栏目各地调来的精英，而记者太弱，罩不住编导，这个制度真正实施起来有难度。2003 年，张洁在栏目内改革，强调了以调查类选题为主和出镜记者中心制，以柴静、杨春、长江三个出镜记者为中心，把栏目内十四五个编导分成了三个小组，分别叫小虎队、猛虎队、老虎队，出镜记者算各组领导，有决定选题的权力。张洁说，以前大部分编导并不喜欢调查选题，而柴静喜欢，那个时期，做调查选题最多的就是柴静组，而调查选题的考评分和得奖率都高，以至于后来，其他组编导向张洁抱怨说，柴静做题出彩，不能让柴静由小虎队几个编导独占，应该所有编导都有公平的机会。

张洁还讲了一个有趣的规律，他分析了《新闻调查》历年的优秀节目，发现这些节目要么出镜记者和编导是一个人，要么出镜记者和编导的私交特别好。这让我想起了柴静和她最好的朋友范铭、郝俊英，就是后一种关系。

四

我觉得，对于电视来说，介入还是不介入，这是两种拍摄方式，没有高下之分。尽管我个人更倾向于不介入，但不介入方式拍出的烂片子多了，而介入方式拍出的好片子也多了。柴静在做长片之初就由《新闻调查》锻造出这样的采访拍摄方式，做得又颇受业内肯定，让她之后再有强烈的意识去把自己隐藏在当事人和新闻事件后面，似乎也不大可能。

范铭说，柴静对节目的参与程度很深，比如不需要记者出镜的前期拍摄，柴静也会去，以期望更多地了解采访对象。《看见》的编导告诉我，他们一般会在拍摄前把资料发给柴静，她自拟采访问题，有时也让编导们拟问题，但采用编导的问题很少。拍摄后撰稿时，栏目组里常热热闹闹地PK，柴静写一个版本，其他人写自己的版本，大家来评论谁的版最好，就用谁的，或者把各版好的部分组合起来。

柴静转入《看见》栏目之后，做的节目分成两类：一类是文化名人访谈，如李安、刘欢、李娜等；另一类是新闻事件，如药家鑫事件、李阳家庭暴力、贵溪校车翻坠事件。第一类节目中，她应该算是典型的访谈节目主持人，不再是出镜记者。第二类节目中，她更接近当年在《新闻调查》中的身份。

问柴静这两类节目她更喜欢哪类，她的标准答案是"我觉得每一个人对我来说都是一样的，都是寻常"。但显然，她聊起第二类节目的时候兴

奋得多。柴静的好朋友、《新闻调查》编导郝俊英对我说，她认为柴静更适合调查报道。确实，虽然把每个人都看作寻常有其合理性，也是难得坚持的看人方式，但这种方式有其局限性，比如关于没什么争议性的各行大牛，人们一般更希望看到的是他们为何牛，而不是他们的寻常面。

（作者系南方人物周刊记者）

大数据时代传媒业的幻象与真相

□支庭荣

支庭荣

按照传媒大亨默多克的说法，衡量新闻业成就的至高标准，不是普利策新闻奖一类的自我加冕，而是作为产品的质与量。产品与用户之间，需要维系着深度的交换和信任关系。

美国皮尤研究中心的数据显示，2012 年，31% 的成年美国人已放弃阅读新闻媒体，报纸广播电视颓颓，但是对新闻的总需求不减反增，唯有在线新闻最风流。在上海，互联网广告年收入首次超过纸媒，崛起的号角终于吹响。现实就是一句话：半条江有水，半条江有月。

古典与现代

今年初，央视开始新一轮全面改版卖萌，不仅赶走了个别“老人”，综合频道还推出了新频道形象“C 先生”，新闻频道也“国家地理化”了，又是塞伦盖蒂又是亚马逊的。还别说，大国崛起总是伴随着对世界的图绘、造影，及博物学的兴盛。

著名传媒人、《环球企业家》的仇勇在一篇题为 Traditional Media Under New Management 的长微博中，生动地解剖了像燃烧着的石油钻井平台般的“古典式”传统媒体的焦灼感。在几乎无所不知的知道离子面前，在几乎无暇通篇卒读的速读行者面前，在原创但默默无闻不及转发但粉丝如云的大V霸权面前，传统媒体的精致、从容、优雅、矜持，瞬间成为永恒，微笑定格经典。

就像古典音乐在岁月长河中静静流淌一样，传统媒体的那些不朽篇章，比如深喉，比如五角大楼文件案，连同传统媒体在内，都有可能进入华盛顿的新闻博物馆中，据有一席之地。时光雕刻机不会抹去伟大的印迹，至少数字化了的古典音乐，也能时不时地原声重现。

众声喧哗。这是一个社会禁忌逐渐中性化和主流化的时代，一个性别分野模糊不清的时代，一个囧且太囧的时代，这是现代或后现代。山在舞，水在笑，国富民妖娆。在这样一个缤纷缭乱中，大众的喜好在左右着社会的风向，而不是相反。高大全让位高富帅，白富美叫板陈世美。有的围城，有的越狱。有人不相信天是蓝的，有人不相信雷的回声。多样化要绕过主旋律，镴枪头想掀起蘑菇云。一幅俗艳无比的风情画，一场纠结难缠的拉锯战。

胜负未见分晓，但重要的是，想放下的别端着，想拿下的别趴着。如果用军种来作比喻，那么，报纸可以说是拿破仑时代的陆军和骑兵，横扫万里如卷席，酷寒天气谁能敌。在所谓的“空天一体战”时代，旧的兵种，恐怕面临着改造升级和战略战术的巨大压力。

因此，生产者导向要迅速地转变为消费者导向，再不能假装记者给主编写稿，主编给记者发薪；或是媒体为广告修路，广告为媒体贴金。有谁知道拉斯韦尔“5W”模式中的2W么：对谁？取得了什么效果？市场是还算公道的裁判员，虽然给的信号也会慢半拍。

现代，让古典式微。

付费与免费

3月18日，美国《华盛顿邮报》宣布，将于今年夏天加入“付费墙”(paywall)的行列，对每月阅读20篇文章以上的网络用户收费。这是在《华尔街日报》和《纽约时报》之后，又一家大报做出的艰难但刺激整个行业的决定。据称，经过两年的坚持，《纽约时报》的付费用户已经达到65万，2012年报纸的整体发行收入甚至超过了广告收入。这一捷报给处于困境中的报业，仿佛打了一针鸡血。

皮尤研究中心的报告显示，全美1300多家日报中，正要对电子版收费的，已有1/3，甘耐特集团旗下80家报纸中更是超过9成。覆巢之下，几无完卵，包括英国第一大报《太阳报》，都从中嗅出了血腥的味道。但是，付费墙能否成为传统纸媒的救命稻草，尚未有定论。《纽约时报》付费墙的各种漏洞也被看成是故意的。如果一个读者在挖空心思要点小花招试图绕开木栅栏，这充分证明了原创内容的价值和吸引力，但那可是《纽约时报》这个老招牌，不是每一张普通的报纸与生俱来的。

收费影响到流量，影响到规模，必将令掩映在付费墙背后的媒体，一步步小众化，专业化，期刊化，精英化。最终的结果，不一定是消失，但一定是变形。恰似东施化成西施，金刚转成熊猫，红馆皇城变身私人会所，鲍参肚翅变出海天盛筵，却庭院深锁，重门紧闭，草根平民，彷徨而不得入内。

事实上，正是互联网和移动终端这些怪兽，在吞噬着整个传媒产业的低端内容、低端故事、低端用户、低端广告，疯狂窃取传统媒体的内容控制力，卷走传统媒体在年青一代身上的投资和希望，还时不时地挖角、逆袭，令传统媒体陷入经济持续低迷之下不断萎缩、减员、收费、改弦更张的不归路。

由于每个人都有麦克风，记者的地位在下降；由于新闻当事人可能选择性地暴露来龙和去脉，挖掘真相还是要靠专业主义的记者。这同样是一个介乎免费与付费之间的悖论，令新闻业在内在的冲突中继续前行，新闻的质量和独立性再次成为一种追求。风里去，雨里来，走转心不改。

机器与人工

3月底，中国博客网宣布停止免费服务，标志着中国的博客在商业上已经休止。十年一觉扬州梦，当时风光无限，如今花谢水流。2011年，即使拥有全球用户3000万的Windows Live Space，也未能抵挡得了N年之痒。不是所有的商业模式都能点石成金琢玉成器，不是所有的互联网创新都能熬到云开日出冬去春来。与博客一道进入黄金时代的RSS聚合工具，前有Bloglines，后有Google Reader，都已经或正在前赴后继地倒下。

这是一个机器人大规模入侵的时代，一个粗糙但快速、鄙陋但漂移、丑但出位、声嘶力竭但宣泄一空的时代，一个长篇文本被撕成碎片的时代。美国人的触觉异乎寻常地敏锐，很早就把握了黑客帝国的精髓：克隆出来的是牛羊，复制粘贴出来的却是异化的人类，以至于心灵的日记本连自己都不再费心续笔，甚至也不再翻检。大学、工作、恋情、青春，取次花丛懒回顾，半缘微博半缘君。

在海量的信息面前，个体成了孤岛。在庞大的社交网络面前，个人成了热点。群体的力量犹存，群体的极化依然恐怖，但是个人却显得越发渺小、无助、无所遁形。著名畅销书作家南派三叔，扛不住疯狂的点击，宣告封笔。曾经翻云覆雨的贪哥腐妹，也经不起雨骤风狂，纷纷曝光。遑论普通人，隐私诚宝贵，但黄雀在后，360、网易、品友、传漾、易传媒和亿玛上下其手。互联网所带来的，不是个人主义的旗帜张扬，反而是机器时代新的从众规则的流行。

这是维克托·迈尔－舍恩伯格所称的大数据时代，是一个网众愿意以低价接受次质的时代，是一个“满汉全席”上了桌，自己却肠胃不适的时代。精确性居其次，兼容并包外包众包第一；因果性居其次，相关、链接和突然爆发第一；精心精致居其次，随心所欲第一。网络爬虫等推力拉力强劲的机器人，在一刻不停地满足人类对于信息和娱乐、偷窥和鄙视的贪婪与私欲。

微博、微信等随性而行的追求互动效果的信息和社交聚合方式，因此而大行其道。因搜索而发现，心理和情感痕迹清晰可辨，为微媒体赋予了额外的价值。但这是一个一切都在迅速地重新聚合，又未必实现足够强度地聚合的时代。所以不奇怪，因限购而假离婚，而弄假成真的悲喜剧，一再上演。有被动的阅读，就有主动的消失。

内容永远为王。但是，当比较浅、比较粗糙、比较片段的内容，由成本更低的机器抓取的内容，被人们欣然接受的时候，精英文本就遇到了真正的危机。当年的地摊文学，如今随手可得，劣币有了驱逐良币的强大资本。

破坏与创新

传播的权力在转移。今年 1 月，浙报传媒获准收购杭州边锋和上海浩方，青蛇吞象尘埃落定，离互联网的烽火狼烟又贴近了一点。

到目前为止，所谓新媒体，实际上掌握在电信业、互联网业、信息产业手里。新媒体指的不是传统媒体的各种小小创新或作为追随者的新鲜举措，说的压根就是一个对传媒人而言比较陌生的事物。新媒体究竟是不是大众心目中的“圣殿”，媒体人实现新闻理想的大舞台，船头上哨兵们的瞭望塔，要打上大大的问号。至少有相当一部分新媒体，不过是一种内容服务业而已。

事实上，新媒体不过加深了这样一个趋势：传媒企业正在由内容服务商转变为信息服务商，由信息服务商转变为数据服务商，由数据服务商转变为商业服务商。提供内容、信息和数据服务，是由机器主导的。数据流，是新媒体经营的底层和底色所在。

用浙报集团副社长王纲的说法，从传统报业到新媒体，是一种“基因突变”，是一种产业的跃迁。如果缺乏数据库的支撑，如果缺乏多向互动和分众定制推送的能力，如果缺乏技术平台，在传统媒体的温床里，就一定生长不出新媒体。

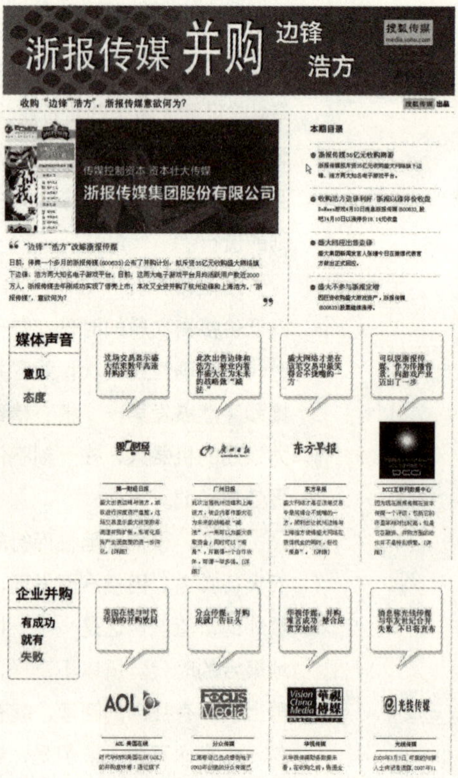

尽管市场惯性还在，但是在新媒体的破坏之下，传统媒体的业态正慢慢变老。在未来，如果不能成功地实现转型，所有的传统新闻媒体，都将萎缩到某一个点上，这一点也许还能维持着比较高的水平。这一点上，写着“小众”和“精英”四个字。

问题是，每一家传统媒体，都想成功地转型为新媒体，而这，是计划经济的逻辑，是违背市场规律的。从投资角度来说，新媒体行业的成活率，恐怕要远远低于封山育林的成效。撼山易，撼新媒体难。一将功成万将凋，一家欢乐万家愁，失败的例子不绝如缕。关键不在于能否承受得了成功，而在于能否承受得了失败。投资的风险，横亘在传统媒体面前。

不是没有机会，机会都是从不起眼的创新开始的。也许每一家媒体，在不经意间都曾经扼杀了无数的机会。机会无处不在，但是，一个适合上千人的纸媒企业的机会在哪里？要创造量身定制的机会，这有着巨大无比的挑战性，因为必须考虑如何克服和消化已有的沉淀成本。

拜房地产和汽车行业的高速增长所赐，中国都市媒体的繁华似锦延续多年。如今是考虑未来出路的时候了。从目前来看，专业媒体依然火爆，《华尔街日报》和《金融时报》把持着高端信息市场。数字出版也大有起色，亚马逊改做电子商务别开生面。但是那些包袱沉重的传统媒体该当如何呢？浙报传媒的答案是，转变思路，换条跑道，直接杀入新媒体创业的阵营，跨界整合，奔入生天。

（作者系暨南大学新闻与传播学院教授、舆情与社会管理研究中心研究员）

参考文献：

仇勇：“Traditional media Under New Management”, http://weibo.com/1496870230/zjA2t47ey?type=repost

王纲、张宇宜：《离互联网硝烟再近一点——浙报集团传媒梦工场的新媒体探索》,《新闻战线》2013 年第 2 期。

日媒检证震灾（核电）事故报道寻求改变（下）

□高井洁司

高井洁司

本文为检证日本媒体如何报道日本大地震和核电事故系列文章的最后一篇（前两篇见《南方传媒研究》第 38、39 辑），旨在通过检证报纸、电视及广播等传统媒体与网络、社交媒体等新兴媒体在报道或信息传播中的作用，探讨未来的报道形式变化的倾向性与可能的方向。

一、新时期日本灾害报道的特征

近来日本的学术界和媒体业界展开了各自的检证研究，并陆续公开了检证结果。笔者在前两篇中多次引用过的朝日新闻社出版的《Journalism》自不必说，由媒体研究学者和业界人士等构成的“日本大众传播学会”主办发行的《大众传播研究》（2013 年 1 月出版，总第 82 期）也推出了题为“震灾后的媒体及新闻学研究”的特辑。特辑包括 4 篇论文，其中东大教授林香里的论文《震灾后的媒体研究及新闻学研究》和东大教授桥元良明的论文《从调查所见的受灾地的媒体作用》颇具参考价值。

此外，作为日本两大通讯社共同通讯和时事通讯的外围团体、公益财团法人“报纸通讯调查会”也于今年 1 月出版了《大地震・核发电与媒体的作用——对报道・评论的检证与展望》。

日本《大众传播研究》刊载的林香里教授的论文首先“从媒体研究角

度来看东日本大地震的特征”，对此次震灾报道的特征做出了以下5点概括：

1. 受灾区域从北海道到东京，范围广泛；

2. 发生在以因特网为代表的数字化信息技术普及的时代；

3. 由于信息数字化使信息收集、保存、检索和利用变得格外容易，使对保存下来的信息进行检证成为可能；

4. 是一场发生在全球化时代的灾害，灾害信息同时向全世界传播，而全世界也同时注目事态的进展。由于可以同时参考海外的报道，使得与海外信息进行比较讨论成为可能。

5. 大地震与福岛核电事故的并发。

从以上特征可以看出，这次灾害，除了海啸和地震带来的直接灾害外，还有同时并发的核电事故的辐射污染，甚至包括东京圈发生的交通瘫痪导致的影响。灾害带来的影响多样化，使媒体利用者对信息的需求也各有不同，实际上，无论是大众媒体，还是新兴媒体，在当时的情况下，单靠一种媒体是难以完全应对的。围绕此次大地震和核电事故，支持新兴媒体的人对大众媒体依赖政府和东电公司的信息发表进行了猛烈的批判，而支持大众媒体的人则批评社交媒体散布未加确认的信息及讹传所致的不良影响。有关双方相互批判中的错误，笔者已经在上篇，中篇指出过。

简而言之，各种媒体拥有各自不同的特征、长处和短处。在遭遇灾害的紧急时刻，利用者根据需要灵活地运用媒体，表明媒体具有互补性，预示着在以后媒体报道中新旧媒体协同合作的必要性与可能性。

“报纸通讯调查会”出版《大地震·核发电与媒体的作用——对报道和评论的检证与展望》的调查报告之一《核能政策报道与新闻工作：3·11前后的报纸报道分析》。报告关注到这次震灾报道中，动画网站“微笑动画”和“Ustream”上，从地震发生当天起，就同时播放了NHK和东京的民营广播电视台的新闻”。在日本，对著作权问题的要求比较严格，迄今为止几乎没有电视台制作的节目在网上公开播放，更不用说网上同时播出了。因为NHK等广播电视机构认识到事态的严重性，同时考虑到存在一些无法接收到广播和电视节目的地区，便临时采取了这样的应对措施。关于这种尝试联合播放新闻节目的意义，已受到很多媒体观察家的关注，一些论文也对此进行了讨论。

该报告还就通过互联网传播预测放射性物资扩散信息做法的利弊指出，市民在“信息收集、共享和传播过程中的确让人刮目相看”，不过，“随着事态的发展，也表现示出市民科学素养不足的一面”。报告分析指出，“大众媒体报道依旧是重要参考”，并“从与互联网联合及融合的角度，探论了大众媒体所能发挥的作用”。实际上，震灾和核电泄漏事件发生后，刊载在欧洲媒体上的放射线扩散预测，在网上被当做事实到处讹传，而日本媒体的报道则被讽刺为“大本营发表”，出现了类似“日本完蛋了”、“污染的日本列岛”等网上留言。

该报告根据这些现象对大众媒体与互联网合作所能发挥的作用指出以下3点：

1. 网络信息补充了大众媒体报道的不足。

2. 大众媒体通过选择网络信息进行报道，寄希望大众传媒公信力下降得以改善。

3. 网上的舆论分化或许得以缓解。网上有一种倾向表现为“（参加讨论）的成员容易在原有的立场和倾向上向更极端的方向发展”，要使这一状态得以缓解，第三者的调节是有效的，适合发挥这种作用的就是大众传媒。

下面就通过介绍几个调查，来检证多种媒体实际被使用的状况，进一步澄清多种媒体联合作用的可能性与方向性。

二、社交媒体登场改变了灾害报道的一贯做法——对媒体联合的展望

大地震后最早的媒体接触调查是由野村综合研究完成的。此调查从2011年3月19日到20日，通过因特网来实施，调查对象为东京等关东一带一都六县的20岁到59岁的成人男女，回答人数为3224人。在这项调查

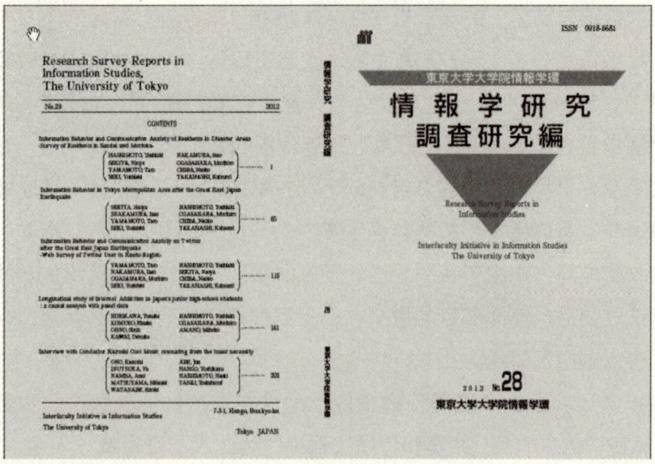

中必须注意到的是，调查对象虽然包含茨城县和千叶县等地受害相当严重的地区，但是没有包含遭受毁灭性的海啸打击和核电事故受害的福岛、宫城、岩手的东北地区。其结果与稍后要介绍的受灾地的调查结果有明显差异。

下面看一下数据。首先是在有关震灾信息提供方面受重视的媒体/信息源的回答状况（可进行多项选择）。

1. NHK 的电视广播信息（80.5%）
2. 民营电视信息（56.9%）
3. 网络门户网站信息（43.2%）
4. 报纸信息（36.3%）
5. 网上政府、自治团体的信息（23.1%）
6. 网上报社信息（18.6%）
7. 网络社交媒体信息（18.3%）
8. 民营广播信息（11.8%）
9. NHK 广播信息（11.4%）
10. NHK 的网上信息(10.8%)
11. 民营广播电视台的网络信息(8.0%)
12. 大学・研究机构的信息(6.4%)
13. 没有重视的媒体和信息源(3.5%)

该项调查的对象虽然是互联网利用者，但是从调查结果明显看出电视播放的重要性。关于地震发生后受众对媒体和信息的信赖度，该调查还表明受众对NHK的信息的信赖不断上升，而对政治和自治团体的信赖度则下降。

《大众传播研究》刊载的桥元论文还介绍了“从全国性调查看灾后媒体评价”的调查结果。其中“大众媒体和网络信息的比较中令人感性趣的是关于‘核电事故・放射线’的调查结果”。认为“‘有所帮助’的人的比率‘电视’为 80.8%，占压倒性地位。接着是‘报纸’的 59.4%，新闻网站为 39.9%。‘博客’、‘推特’、‘mikushi’、‘脸书’等多半没有被当做信息源”。而对“可信赖的信息源”的回答结果是电视 62.2%(反过来表示“不能信赖”的为 26.1%);报纸 51.8%(相反是 31.6%);新闻网站为 51.6%;博客是 7.6%(相反为 84.0%)。由此也可看出对传统媒体和新兴媒体的信赖度存在很大差异。桥元在论文中评论说:“可以说日本人对大众媒体的信赖还是相当坚定的。”不过，对社交媒体的信赖也有所升高。桥元解释说：“这或许是由于随着社交媒体的普及，人们对其使用方法逐渐习惯了以后，识别真假信息的素养有所提高的缘故吧。”

公益财团法人“报纸通讯调查会”委托调查的报告之三《大规模震灾发生时为保证信息流通大众媒体与社交媒体协作的可能性和课题》，侧重作为信息发送方的媒体的积极应对策略，该报告通过对当事者的采访，讨论了媒体的报道方式以及与新兴媒体合作的状况及前景。

该报告还对报纸、电视、广播积极利用社交媒体，而互联网公司方面积极接近大众媒体（传统媒体），双方联合发出的信息内容进行了分析。报告在结论中指出：“由于社交媒体的登场，报纸、电视、广播等大众传媒、政府和自治团体、受灾者等多种多样的信息主体登场，形成了彼此相互能接收和发信的信息空间。在这个空间中，大众媒体并非唯一的发送信息主体，大众媒体与发送信息的人也并非对立的关系，反倒呈现出一种并行存在的特征”。在此基础上，该报告又对大众媒体今后努力的方向提出了建议：大众媒体，特别是报纸应该灵活运用社交媒体的流动性和易储存性来克服传播信息的时间和容量方面的制约；大众传媒从原有的中央到地方纵向的上下级关系开始向全国与地方的平等、横向关系发生转变，有必要重新调整采访体制，并与地方媒体及利用社交媒体发布信息的个人和团体进行协作；在任何人都可能成为记者的社交媒体时代，信息传播应该考虑到以下特征：多样化的信息发送、从独立的立场来编辑信息、确认信息，提供当事者没有注意到的视点和价值以及横跨不同地域和社区等。

笔者认为这三点建议非常有意义。从整体来看，该报告存在对社交媒体过于期待的感觉。担任整理报告的人自己本身就是社交媒体的倡导者，表现出较强的主观愿望。从建议的第三点来看，正说明社交媒体在“独立的立场”、“信息确认”和“信息价值判断能力”方面比较欠缺。这三点本来正是传统新闻工作所应承担的作用，也是新闻报道工作的核心，而社交媒体是无法代替这些功能的。

很明显，大众媒体和社交媒体都不是万能的，双方各有缺欠，正因为如此才为相互间的协作和互补提供了可能性。

三、受灾地媒体利用的实际状况——风险传播的重要性

下面针对具体的受灾地点来考察媒体的使用状况与今后的课题。

“报纸通讯调查会”委托调查研究报告之二《东日本大地震和新闻媒体》的第三章为福田充的论文：《灾害报道和危机传播》。

福田着眼于震灾发生后一个月内在警察厅统计的死者 13135 人中，有“大约 9 成是由于海啸溺水而死的”事实，他考虑到：“对海啸，如果

能更快，更大范围，更正确地传达信息，敦促居民避难，是否会减少因海啸而死亡的人数呢？”从这种问题意识出发，他对政府与自治团体的灾害信息是通过什么渠道传达给居民、得到信息的居民又是怎样应对的这种“危机传播”的问题，以电视报道为中心进行了检证，并对应该建立怎样的信息传播模式进行了探讨。

福田等人在岩手县、宫城县灾区，首先针对受灾地的居民如何接收电视等媒体传播海啸警报的状况实施了问卷调查。

调查表明，实际上听到气象厅海啸警报的受灾者为 52.3%，没听到的有 41.0%。福田解释说“这是以海啸幸存者为对象的调查数据，设想一下海啸的死难者，可以推测有更多的受灾者没听到海啸警报”。而关于有关海啸意识的调查结果表明，“尽管大地震发生，‘海啸不会来吧’的回答者为 15.9%，‘几乎没考虑有海啸这回事’的回答者有 22.4% 之高”。也就是说，在受灾地，在指出媒体问题以前，首先该认识到风险传播意识相当低。

其次，关于从何种媒体获得海啸警报的调查结果表明，“从户外防灾无线扩音器”听到的有 50.9%，“从各户的防灾无线接收机”获知的为 11.0%，即大约 6 成的居民是通过防灾无线警报获知的。

与此相对，从“民营电视”得知的是 6.5%，“NHK”只有 5.4% 之低，反而是民办广播为 16.7%，NHK 广播为 7.4%，分别高于电视。

另一方面，从手机短信得知的只有 2.4%，互联网为 1.5%，社交媒体的利用也极低。

福田指出“由于大地震造成停电，电视和电脑上网都变得不可能。另

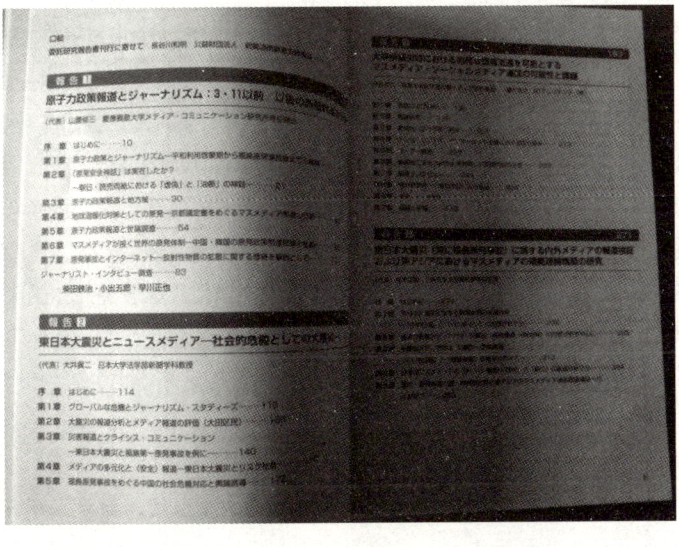

外，由于通讯基地局的故障和通讯限制，一般手机和智能手机都无法使用”。

再有，“防灾无线的灾害传播也非万全之策，因为地震造成扬声器故障，行政防灾无线网的传播难以到达指定地域等问题也随之出现。总之，电视和广播媒体受灾时的发挥作用的能力亟待提高”。

在前面提到的桥元的论文中，在仙台市实施的调查（样本数为 400，2011 年实施）也指出了同样问题。该文称：“仙台市居民对这次大地震后海啸袭来的危机意识很低，想到危害很大的海啸可能到来的仅有 8%。”对“为何会认为海啸不会来”这个提问，在可以复选回答的条件下，其结果表明“根本就没想到海啸”回答有 64.5%，“没听到海啸警报”为 31.8%，“迄今为止即使有海啸警报也没有过大规模的海啸袭来”为 29.1%，“因为身处不会发生海啸的地区”为 28.2%，桥元的论文作出如下结论：与警报和媒体传送信息关系不大，“作为催促避难的契机，媒体并没有太大的力量”。

从福田论文中列举的数据及分析可以看到，各媒体和政府、自治团体的相关部门，不仅要有效地提供灾害信息，更有必要考虑信息接受者如何提高信息接受能力的问题，可以说日常生活中信息接受者的启蒙和教育十分重要。

结语

东日本大地震已经过去 2 年了。各媒体目前仍在相互竞争出版大型报道特辑、制作大型节目特集。然而，灾后复兴还很迟缓，核电站的放射线泄漏还在持续。曾经高涨一时的“去核发电”的呼声也逐渐冷却下来，重新启动核电站的动向正在复活。在这种情况下，对当时的报道进行重新检证，进一步弄清所存在的问题，对再次发生同样规模的灾害时，将受害控制在最小程度有着重大意义。特别是这篇文章中介绍的大众媒体与社会化媒体联合的必要性与可能性已十分显著。一系列的检证清楚地证明，大规模灾害的受灾者的处境存在诸多差异，因此所需求的信息也是多种多样的，这种多样化的需求绝非一种媒体所能单独应对。在多媒体十分发达的今天，以这种认识为出发点，有必要在平时就开始探讨如何实现多种媒体的联合，以满足媒体利用者的需求。为此，客观的检证工作必不可少。笔者确信，此种检证和考察，不仅仅对日本，对其他地域和国家来说也会起到参考作用。

（作者系日本北海道大学名誉教授、樱美林大学教授，翻译：西茹）

人本·共振·进化

——谈大粤网媒体价值基因

□易海燕

易海燕

在中国做新闻媒体绕不过三件事：真实、真理和南方，在中国做互联网绕不过三件事：生、死和腾讯。很幸运我们不用绕，南方、腾讯联姻诞生了大粤网。2011年8月大粤网正式上线，至今20个月，这20个月我们一路狂奔，迅速发展为华南地区用户量和市场份额都稳居第一位的城市生活网络平台。

150年多前，达尔文说：世界上最后能生存的生物，不是最强的；也不是智慧最高的，而是最有适应能力的。他在《物种起源》中论证了两个观点：第一，物种是可变的，生物是进化的；第二，自然选择是生物进化的动力。今天，我们基于互联网对进化论进行重新解构，同样也看到社会环境在不断变化，优胜劣汰正是互联网经济前进的推动力。

去年，腾讯发布了一张中国区域QQ同时在线分布的“亮点”地图，用地图上的“亮点”展示大中华地区QQ同时在线用户的数量。这个实时动态页面中QQ在线者熠熠闪光，不断变化。它是这一时刻QQ用户同时在线人数分布图，在这张图里，也包括了大粤网所服务的6300万的广东QQ用户。就在你阅读的这1分钟里，有500万条信息在这里交互。这张图，也向我们传达了一个非常重要的信息：经过互联网黄金十年的发展，我们已经进入了全民网络化的的大数据时代。不知不觉中，我们已经在这张巨大的社交网络中结缘。

随着大数据时代来临，我们看到一大批企业随着互联网发展实现产业升级进化，信息传播从共享发展为用户间的共振，而这一切都体现了适者生存的法则。

有数据表明，用户 60％ 的消费行为都发生在 10 公里以内，用户 80％ 的需求是非常本地化的需求。大粤作为广东城市生活网络平台，核心价值就在于更贴近用户的需求，在于有温度可信赖。从聚众时代的 1.0 到分众时代的 2.0，再到开放时代的 3.0，我们通过持续的进化来与变动的环境相适应。

从前我们关心新闻的广度，今天我们更关心新闻的温度；

从前我们关心内容是否可读，今天我们更关心内容是否有用；

从前我们关心用户规模，今天我们更关心用户感受；

从前我们关心传播渠道的数量，今天我们更关心流量入口的品质；

从前我们关心单个企业的经营成果，今天我们着眼于整个产业生态环境的健康度和可持续发展。

从文本到人本

在媒体影响力方面，大粤从文本到人本，把以内容为中心的思路调整为以用户为中心的策略。互联网是人性的，区域网络平台更加需要人性的

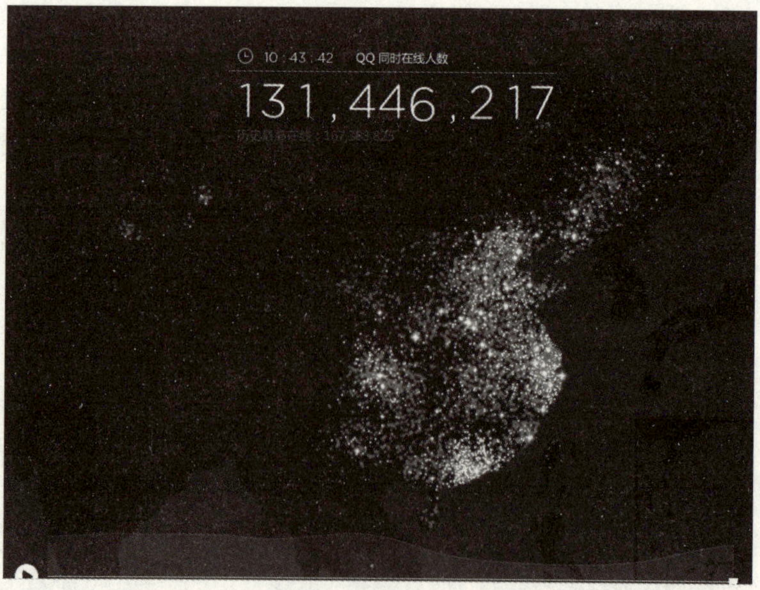

温暖与可信赖。我们以用户在现实社会中关联度为基础，组织和整合具本地化特性的事件、人物、言论，勾勒出人物关系的画像，对广东互联网的人本关系进行深入的阐述。

我们都知道，南方报业一直有着极高的自主意识形态的生产力，包含着高度的智力和独特风骨。秉承南方报业基因，大粤作为媒体平台并通过核心价值参与市场竞争的本质从来没有改变，我们仍然要不断地重申这样的媒体价值。大粤网不仅给用户优质的内容，还给他们充分自由的选择权，这两者正是新媒体的精髓。

从内容运营特点上看，大粤网的内容核心词：互动媒体平台。我们以互动为本，综合运用投票、跟帖、微博等互联网工具，采用媒体化运营的方式，通过大事件联动网民纸媒机构三方互动、构建整合影响力。在此基础上，建原创精品——基于 UGC 的内容整合升华，从而实现由互动运营出发的影响力闭环。

去年，在具体执行层面，我们首先确立了清晰的互动机制，在事件发生的第一时间做好监控，由编辑上报并联络相关人士，同时联动微博组织微访谈，申请推荐位进行推广。第二，热点事件快速响应，组织微访谈联动近 30 场，体现大粤网微博影响力。第三，资源联络方面，我们主抓媒体和机构两条线，深度合作媒体及落版月均 71 家；拓展媒体机构及人员 601 个，媒体高层活跃度月均 50%。在机构资源拓展方面，完成了广东 8 个地市的资源联络，开拓三线城市媒体机构及媒体人 120 个，为第一时间获得新闻线索做了充分的准备。

典型案例如“深圳最美警花给乞丐剪指甲”新闻，为我们第一时间在微博上发现，被推荐至腾讯网迷你首页；同时话题实现了南都、潇湘晨报、晶报等媒体落版，完成了从互动到新闻的完整链条。

从共享到共振

在用户聚合力方面，我们从基于网络的资源共享演变为用户之间的传播共振。大粤网在一年半的历程中，真切感受到了信息传播从共享发展为用户间的共振，这也是大粤在不断强化并力求深耕的运营核心。以大数据为基础，发挥出整合效应，为用户创造社交化、移动化、个人化的极致体验。2012 年，大粤与中山大学传播与设计学院联合推出了《2012 广东网民直觉调研报告》。这个报告历时 4 个月，对 36 万名网友观念容忍度进行了跟踪研究，深入分析网友行为模式，发现用户的偏好，并从中挖掘具社会价值的正能量。

在这个报告中，我们发现“直觉”是影响网络舆论的重要因素，这很大程度纠正了我们对用户画像“直觉”判断。面对突发争议事件(模糊信息)，网民更可能使用“直觉”在做第一时间的判断，并且互联网放大了这种效应。因为争议新闻后的网友评论大部分是“直觉性”的，而非理性分析。其次，“网民直觉”类型可以有效预测网民基本态度，包括事情可以容忍的程度(容忍度)、将来变化的可能性(将来趋势)和他人与自己看法的一致性(对他人看法的预期)。而专业眼动分析则表明，人们在阅读新闻时更关注“身份标签”和“伤害”、“群体”、“公平”等“直觉性道德推理”相关词语。

比如，我们发现“愤怒”是网民在面对争议性新闻时的绝对主导情绪(高达61.5%)，但与人们通常以为的不一样，并不是简单的“不公”引发了的网民愤怒，背后真正起作用的是“群体”这个直觉。

举两个例子。在含有投票调查的新闻中，最让网民感知到群体的新闻

排名第一的是：《广州地铁四号线一列车高架桥上故障突逆行》。该新闻的群体直觉所占比例为56.94%。地铁的故障是与本地居民息息相关的事件，人们对它的关注度较大，而且直觉感知上，地铁的故障使人们感觉生活在一个不安全的社会，因而对于社会整体治安的感知较大。而最让网民“愤怒”的是《深圳轿车碾过女童脚掌看一眼扔200元就跑》，这让人回忆起去年小悦悦的悲剧；加之女性与儿童这两个元素都是这个社会的弱势群体，所以，一旦其受到伤害，就容易引发人们的愤怒情绪。

报告对这个颇有争议的话题也做出了数据对比。调查表明，线上线下的公众舆论具有一致性，网络意见与现实民意有趋同性。但现实中人们意见没有那么极端，而是更包容，也更乐观。

当我们把这些有价值的方法论应用到用户的行为数据、关系数据分析中时，我们意识到，用户不只是需要某种资讯和服务，更重要的是他需要与他认识的人分享这样的资讯和服务，也就是我们所说的所谓“关系”。经过十多年的互联网进化，我们已经从一个熟人社会变成陌生人社会，同时，“陌生人”社会在当下又没有真正的陌生人。目前已经到了收集数据的黄金时期，如何整合这些数据成为我们未来发展的关键任务。信息传播、用户信息消费以及技术在目前的背景下已经进入到无缝融合阶段。

从变化到进化

在市场驱动力方面，大粤在媒体影响力、区域渗透力、移动竞争力的全局战略下，2013年我们结合微信平台，推出基于多终端应用的O2O(Oline to Offline，线下商机和互联网结合）营销体系，搭建更加完善的产品体系和服务体系，为我们的广告主提供大规模、个性化的互动营销解决方案。成为广东实体经济互联网进化的驱动者和引导者。

如果说我们能够把用户和消费者的关系联动起来，并依托自身的区域营销平台落地，就能在这个过程中形成一个营销的闭环。但是，融合交易的数据和交互数据会是一个非常有挑战的事情。不仅仅在技术方面，在应用方面，在质量的管控，在用户隐私等等大课题之下，这些都是作为营销商要考虑的事情。我们更清楚地认识到，大数据时代，企业和品牌所缺乏的恰恰并不是数据，而是有价值的信息情报。我们最大的挑战不是如何获取可用的数据，而是如何解读这种数据，通过数据提供的洞察力制定一套业务的决策。有一天，如果客户能够通过有序的推广流程而成为用户的消费选择，在那个时候大数据的最后一公里的价值就将真正展现出来。

随着我们越来越多的合作伙伴的加入，我们离梦想的距离也越来越近。大粤网的开放创新基因能够让我们在不同时代和不同领域都具有相同的普世价值，与更多的同行者共同打造一个开放融合、繁荣共振的区域互联网新生态。

（作者系腾讯大粤网执行总裁）

专题「南方农村报创刊50周年」

专题「南方农村报创刊50周年」

当今中国赋予涉农媒体的使命
——以《南方农村报》为例

□陈永

陈永

三十而立，四十不惑，五十知天命。作为南方报业传媒集团的第一张子报——《南方农村报》，一家典型的面向农村、农业、农民的涉农媒体，在创刊50周年之际，再度审视自己的“天命”。

《南方农村报》的前身是《南方日报农村版》，独立发行，是由当时的中共中央中南局第一书记、广东省委第一书记陶铸同志提议创办的。由于当时新闻纸十分紧缺，陶铸要求办一份短小精悍的报纸，发行到生产队，办给农村基层干部看，并指示基层干部要找人“读给农民听”。为农民而生，这份报纸由此植入走市场的基因。

《南方日报·农村版》在“文革”中停刊。改革开放之初，1980年3月1日，该报改名为《广东农民报》正式复刊。以“四开八版”的“小报”形式，栏目设有“政策问答”、“致富论坛”、“田间管理”、“农贸市场”、“新品种”、“读者来信”、“科学天地”、“生活顾问”、“国外农情”等等，办报口号明确提出“乐为群众服务，敢为群众说话”，强调每一篇稿件都得讲实话，字数不过千。“短小精悍”、“实用”、“农民喜欢”、“为群众说话”就成了当时乃至整个1980年代编辑部的常用语乃至口头禅。

据资料显示，到1988年该报最高发行量达56万多份，农民自费订报率达80%以上，发行覆盖广东全省及周边湘、赣、桂、琼、闽等省区。1994年《广东农民报》改名《南方农村报》，一方面意味它归入南方日报的“南方系”品牌，同时地域上从广东扩展至南方省区；另一方面把“农民”改为“农村”，内涵更广。进入1990年代中国高速驶进工业化、城市化的车轮已经启动，报纸发行量不断下滑，上世纪末，《南方农村报》发行量跌破10万份，面临被“战略转向”。

一番折腾之后，南农人终于明白，农村报应该为何而生，为谁而生。《南方农村报》重新打出“专门为农民说话，专业为农业服务”的口号，不但“为农民说话”，而且强调“专门”，不但“为农业服务”，而且强调“专业”。经过一番理性的探索，走过一段激情的奋斗，《南方农村报》的发行、广告、影响力回到中兴之路上，回到高峰时期，并再度超越。如今，30多万份的发行量，3000多万元的商业广告实收，在全国省级农村报遥遥领先。

在《南方农村报》创刊50周年的今天，回顾过去的历程，南农人对自己的“天命”有所感悟，就是：什么时候摸清了农民的需要市场的需要并设法满足它，事业就如日东升；什么时候不顾农民的需要市场的需要却自以为是，事业则如日落西山，这是涉农媒体“因果报应的天命”。如此表述难免显得俗套和抽象，当今传媒市场竞争越来越激烈，新兴媒体全面争夺传统媒体的市场，尤其是涉农传统媒体面对一个广袤、分散和贫瘠的市场时，如何才能找到突围之路？我想用以下九个关键词与同行分享。

回归

首先，一定要回归媒体。因为报纸不能只是一张宣传纸，媒体有其独特的职能，传递信息，追求真相，监督权势，守护公平正义。如果涉农媒体只满足于做一张宣传纸，未能履行媒体天职，光大媒体精神，则存在功能缺失。

《南方农村报》积极回归媒体天职的体现，是敢于与善于做好新闻舆论监督。中国社会正处于急剧转型期，在此过程中，一些利益主体肆无忌惮地侵害农民的权益，如何依法守护农民的权益，如何让农民享有平等的国民待遇，如何监督权力对农民的侵占，如何制止资本对农民的盘剥，维护社会公正，是农民当前最迫切的需求之一。《南方农村报》几乎每期都有舆论监督的报道，已经常态化。涉农媒体开展新闻监督是大有可为的。新闻监督的风险主要来自于宣传部门对新闻的管制，且涉农媒体的新闻监督多数只关乎对农民利益的侵占以及其它违法乱纪行为，属于民生范畴，这与主政者的态度与取向是一致的。我们认为，没有不能报的新闻，但是怎么报确实得费思量。

在全面建设小康社会，推进城乡统筹的大背景下，涉农媒体将可以找到更多的向上发声的机会，真正成为“新农村推动力”。

市场

创办《南方日报农村版》时，陶铸同志明确指示要“发行到生产队”，“办给基层干部看”，要找人“读给农民听”，办一份“农民愿意看”，“看得懂”的报纸。即是以农民的需要为出发点，虽然那时没有提“市场”二字，但实际上已给《南方农村报》植下了“市场基因”。南方农村报此后的发展，以至后来起死回生，都是这种“市场基因”得到显性表达的结果。

南方农村报没有“富爸爸”，与其千方百计把《南方农村报》列入行政发行，不如选择琢磨农民以及细分市场的涉农受众的需要，并设法满足它，把报纸办到读者愿意掏腰包订阅的程度。我们不向任何人包括企业赠报，经营人员自豪地向广告主声称：“只有订阅我们的报纸后，我们才会帮你刊登广告。”一份成功走向市场的报纸可以获得令人难以想象的回报。

利基

利基市场是指那些被市场中的统治者和有绝对优势的企业忽略的某些细分市场，也叫缝隙市场，涉农媒体面对的正是利基市场。

南方报业传媒集团的报业结构十分清晰，创办《南方农村报》所包含的差异化意图十分明确。“南方报业”目前旗下有《南方日报》、《南方周末》、

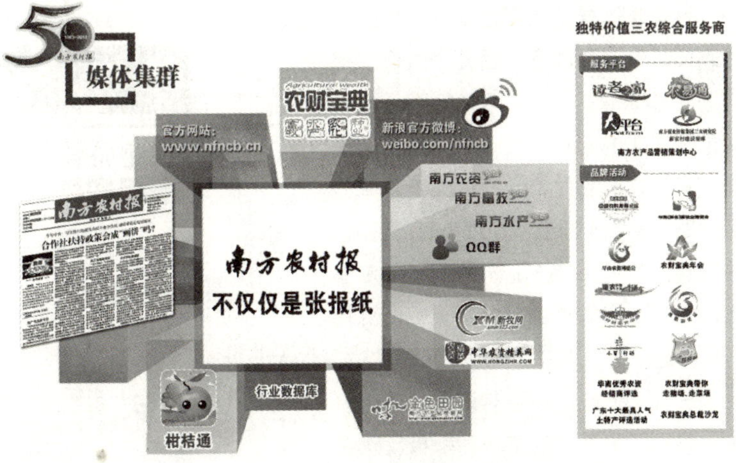

《南方都市报》、《21 世纪经济报道》等，《南方农村报》负责主攻农村市场。

相对于都市类媒体市场，相对于财经类媒体市场，农村市场地域广阔，人员分散，购买力低下，一直被认为是企业的“瘦田”，是资本的“荒地”。其实，在广袤的农村市场同样存在许多利基点，农业产业链上的各环节同样存在利基，以畜牧业为例，一条链是生产主体养殖户、经销商、动保饲料企业，另一条链是养殖环节，包括种苗生产，饲养管理，疾病防治与保健，不同主体、不同环节有不同的诉求，满足其各自的需要，就构建了专业行业媒体的赢利模式。随着农业向产业化、现代化迈进，细分产业分散的利基点越来越多。目前南方农村报成立了种子种苗、化肥、农药、畜牧、水产、农产品品牌营销策划等业务单元，每一个业务单元对应每一个利基市场，专注、专业地开展业务。

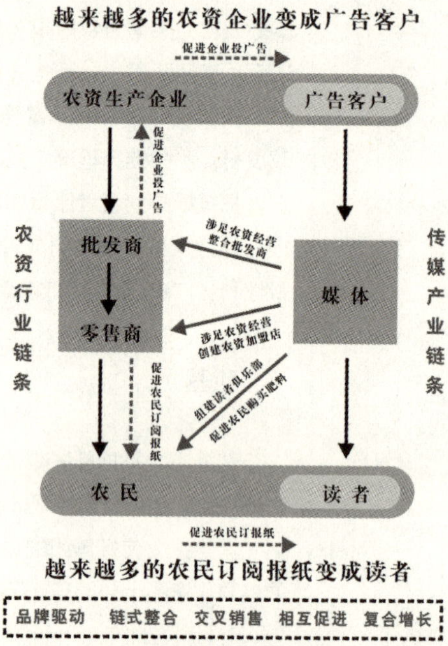

专业

涉农媒体既是综合性媒体，也是专业媒体。专业的内涵包括几个方面。相对于大众媒体，在"三农"问题上，尤其是农产业的问题，大众关心的食品安全问题、农产品质量问题，大众媒体的报道受制于专业局限性，难免有所纰漏。涉农媒体应担当农产业问题的权威发言人，发出正确的声音，揭露真相，引领舆论。近年来，许多主流媒体重新定位，对“三农”领域的关注有弱化趋势，涉农媒体应填补其中的空缺，积极反映农

民阶层的利益诉求，高举新闻专业主义的旗帜，不轻易为利益和权势所动摇，义无反顾地担当起为弱势群体代言的责任。涉农媒体的经营普遍比较困难，容易对广告客户妥协，南方农村报的经验是把公信力和影响力树起来，经营便走向良性循环，坚持新闻专业主义所获得的长期利益要大得多。

另外，团队的专业化建设要别出心裁。人才的专业化是实现新闻媒体战略差异化，媒体操作专业化的前提。南方农村报从 2000 年开始，陆续吸收了一批有农业相关专业背景的人员加盟，涵盖了农学、园艺、育种、植物营养、植保、生物、水产、动科、兽医等专业，涉农学科与新闻、中文、经济、历史等专业的嫁接，组成了一支文理学科交叉的复合型人才团队，这是南方农村报专业化的保证。经营人员也走专业化道路，做广告不仅仅是向客户报价、打折来卖版面，能提供最专业的广告策划案，甚至还可为企业提供战略咨询服务、营销咨询服务，做企业的媒介顾问、营销顾问和战略顾问。

渠道

研究农村市场不难发现，经过 30 年的市场改革与发育，农村中早已形成一个简洁、高效、无所不在的渠道网络。例如，农药、化肥、种子、兽药、饲料、动保、农膜、药品，甚至还有摩托车等商品正是沿着各自的渠道深入到农村的各个角落。沿着这些伸向广袤农村的渠道，不但可以找到对口的读者，还可和他们进行更多的合作。对于广袤的农村市场来说，只有找到最合适的渠道，才能最便捷地服务农民。

一是可以通过农资渠道商推进报纸和杂志的发行，售卖农资产品的同时还可以把报纸和杂志卖给有需要的农民。二是可以依托这些终端门店创建读者俱乐部，让这些终端门店成为媒体在该地区的读者聚集场所，自然也促进这些门店的销售。三是可以依托这些门店对农民进行培训，包括各种技术的培训。四是依托这些渠道进行相关多元化业务的开展，除了把报纸和杂志卖给农民，还可以把优质化肥、农药、种子、农膜卖给他们，为农民提供更多类别的服务。南方农村报于 2011 年创建了广东大平台农业股份有限公司，2012 年销售收入可达 8000 万元。

数据

建设数据库的目的是找到最需要服务和最有价值的客户。对广袤的农村市场来说，高质量的客户数据库建设尤为重要。许多企业都试图创建客户数据库，但普通企业收集资料的困难较大，媒体创建数据库相对便利。一来可以公益的名义进行，因为媒体与公益是分不开的，各个部门都会合作。二来可以结合日常的采编活动和经营活动进行，顺便就能收集，成本大大降低。

收集资料、分类、入库等工作一定要引入绩效管理让其制度化。南方农村报近年建立了农资经销商、种子经销商、饲料经销商等渠道类的数据库，以及水产种苗场、农民合作社、柑桔场、菜场、香蕉场、甘蔗场、桉树场、猪场等种养大户的数据库，并不断完善更新中。

抓住渠道和数据库，不但对办报、提升广告效果、做品牌增值活动有好处，也为设计其它商业模式提供许多想象的空间，可以说，渠道和数据库是农村市场的“牛鼻子”。

延伸

在今天的媒体环境与市场环境下，如果只停留于做“纸上的新闻”，很难打造出响当当的媒体品牌。除了做好新闻，办好报纸，南方农村报围绕办报宗旨，举办了大量的论坛、研讨会以及相关活动，使媒体平台得到充分的延伸，受众的参与互动大大增强，观点的传播更加广泛、深远。

南方农村报的品牌活动之一“中国农村发展论坛”，每年一届，汇集全国各流派最著名的三农专家讨论三农热点，发表真知灼见，目前已办了八届。还有“南农实验”项目，选择若干个代表不同类型的村庄对其发展变化进行长期跟踪观察，由权威专业人士给予指导，并参与其进程，已持续6年。还有凤凰山猪业论坛，柑桔产业论坛，桉树产业论坛，规模菜场

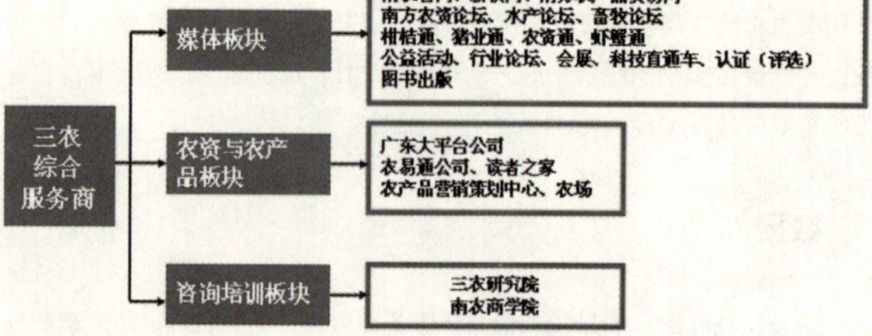

高效管理论坛，罗非鱼产业论坛，中国种业论坛，香蕉产业论坛，甘蔗产业论坛等等，对应每个行业策划具体话题。这些论坛、活动与研讨会，是媒体平台的延伸，极大地提升了媒体的影响力，同时能让媒体品牌变现，实现可观的经济效益。另外还有农资展会、畜牧展会等。近年来，南方农村报论坛、活动、展会每年创收数百万至千万元。

融合

传统涉农媒体一定要与新媒体融合。曾经，报纸的独家报道、原创报道不愿提供给网站或者推迟上网，怕影响到报纸的发行。事实上，纸媒的新闻正因为有了网络的传播，让更多的人看到，让政府官员看到，使媒体品牌传播得更远，影响更大，让涉农媒体为农民代言的目的更容易达到。

据不完全统计，近年《南方农村报》发表的《省道改造立项13年剪彩三次未动工》、《村民市府前长跪求“放人和还田”》、《河道横行珠江怕耽误交货少有船家选择报警》、《东莞农村经济转型被分红绑架　集体体制改革受阻》等一大批新闻稿件获得省主要领导批示，《稀土暴利堪比白粉　被捣黑矿当日复工》、《老访民扳倒村官涉诈被捕》、《普宁超常规措施突破计生难点》等一批新闻稿件获得中央主要领导批示，促使问题解决。还有一大批报道，被网络大量转发和跟帖，形成了强大的舆论场，抢占舆论制高点，让报纸品牌的影响力大为提升。

与新媒体融合，使涉农纸媒与主流媒体在同一个平台上发声，大有可为。

布局

新兴媒体正在全面争夺传统媒体的市场，农村市场也不例外，所以涉农纸媒加强全媒体的布局也是大势所趋。

南方农村报首先想到的是进行市场细分，加强专业化和深度。在此思路下创办了《农财宝典》杂志，具体地将农业领域的产业进行细分，并根据各行业市场成熟度、市场容量及媒体自身资源的适配程度，分别创办对应的专业杂志，进行最具针对性的、最专业的服务。目前《农财宝典》已经开设了四个版本，畜牧、水产、农化、种业分别独立发行。每本杂志配备10至15名骨干人员，以媒体影响力为核心，采用发行＋广告＋活动＋行业咨询的业务整合模式，每本杂志有3万至6万本的发行量，800万至1500万元的广告、活动及咨询收入，以此影响和改变行业，实现新闻理想和产业抱负齐飞的理想。

南方农村报按行业细分布局移动终端业务，吸引从事农产业的中青年用户，突破信息服务在时间上、地域上的限制，满足新型农民需求。柑桔通手机客户端已正式上线，3个月内就吸引了5000名专业用户。正在开发的有猪业通、虾蟹通、农资通等。这类业务，实行会员制，以年费方式实现盈利。

2012年，南方农村报瞄准了垂直型农业行业网站，与国内著名的大型畜牧企业温氏食品集团股份有限公司共同出资合办新牧网。温氏集团在全国拥有150家分公司，6万名合作养殖户。这些养殖户及生产资料供应商正是网站的目标受众，以这些目标受众为核心，建设中国最强大农牧业数据平台。盈利模式是网上广告、线下品牌活动、各类产品数据服务、企业营销咨询业务、企业战略咨询业务、企业人才培训、职业经理人猎头服务等。

在全媒体布局中，将紧紧依托传统媒体的内容生产优势，对传播形式进行布局（一次生产，多次传播），对受众进行争夺（农村青年受众），对客户服务内容进行创新（加强互动，信息定制，专业服务），打造一个涉农媒体传播群，在报纸、杂志、网站、移动客户端之间形成一个相互补充，相辅相成的全媒体格局。这样，新兴媒体扩大传播范围，抓住新型受众，传统媒体借助新兴媒体实现品牌影响力的再提升，伺机开展论坛、研讨会、活动等增值业务，实现盈利模式的创新。

传统纸媒进入2010年后纷纷为生存而焦虑，涉农类纸媒亦不例外。南方农村报在五十知天命之时赶上传媒大变局时代，彻底回顾过去的历程，重新认识自己的天命：坚决地回归媒体天职，走向市场，寻找利基，发扬新闻专业主义精神，抓住伸向农村市场的合适渠道，抓紧数据库建设，做好媒体平台的延伸，加快与新媒体的融合，着手全媒体的布局。总而言之，要顶住一切压力，发展自己的能力，为受众提供最需要的和最专业的服务。

谋事在人，善因必有善果，南方农村报必将迎来新一轮的发展，目标是在本世纪的第二个十年打造成一个面向“三农”的，发行毛利、广告收入、增值业务收入之和过亿元的现代传媒集群。这是《南方农村报》对当今中国赋予涉农媒体使命的具体担当。

（作者系南方农村报主编）

以平台战略重构涉农媒体运营模式

——“涉农媒体市场化转型发展和服务三农研讨会”侧记

□张璐

张璐

最近，哈佛大学尼曼新闻实验室发布的一项调查显示，除了传统的广告和发行业务，美国报业正努力开拓“第三条路”——市场营销服务。Ken Doctor 预计：到 2016 年，该项面对中小企业的服务或达到广告收入的 10%。

在新媒体愈演愈烈的冲击之下，传统媒体正经历着前所未有的变局。不单是身处报业前沿的美国，也不只是主流纸媒，乃至属于报业品类中相对边缘位置的涉农类媒体也面临着转型的压力。正是在此背景之下，“涉农媒体市场化转型发展和服务三农研讨会”在广州召开，涉农媒体的出路毫无疑问也必须放在整个报业转型的宏大场景之下予以考量。

地板和天花板的距离

面对不少传统媒体经营业绩下滑的现状，“纸媒消亡”说甚嚣尘上。暨南大学新闻与传播学院院长范以锦认为，纸媒、报业、纸媒单位具有不同的概念和内涵。现在一谈到消亡，经常把三者混为一谈。在其看来，纸媒难消亡，报业易消亡，纸媒单位能找到新的生存方式，纸媒产业将向多媒体产业发展。很显然，纸媒存在的价值要在转型中提升。

美国传播学者克莱舍基在《未来是湿的》一书中提及的“科斯地板”

命题，在反思认识当下传统媒体的生存困境时，颇值得玩味。经济学家科斯曾经提出著名的“天花板理论”，即对于一个不断成长的机构来讲，到达某个临界点后，便难以无限扩张。因为伴随着企业的成长，管理和组织成本将越来越高，而边际效益越来越低。可以说，眼下传统报业集团谋求多元化发展，人力、管理成本高企，但利润率却不断下降，正面临着“科斯天花板”的瓶颈。

但新媒体的发展和自媒体时代的到来，使这种天花板得以打破，并衍生出“科斯地板”的命题。即新的工具为我们提供了组织群体行动的方式，并且可以源源不断地生成即时内容，但它却无须诉诸层级结构，也不会增加新媒体企业的运营成本。正如传播学者胡泳所言，由于能以低成本实现大规模协调，出现了一种崭新的情况：严肃、复杂的工作可以不受机构指导而实施。松散协调的各类群体如今可以取得此前任何组织机构都不可企及的成果。传统媒体发展的天花板，事实上已被新媒体企业踩在了地板之下，这正是差距所在。

新形势下，传统媒体竞争力严重衰退的现实由此一目了然。涉农媒体不但面临新媒体冲击，同时受到邮路不畅、地市报市场下沉等综合因素影响，转型的压力和紧迫性更为突出。而转型的本质，其实是对整个运营模式的重构。

2013年 3月7日
星期四
癸巳年 正月廿六 二月初九春分
第5543期
今日24版

南方农村报

新农村推动力

南方报业传媒集团主管主办
南方农村报出版
粤报出证字第150号
刊号：CN44-0150
邮政代号：45-7

十二届人大一次会议5日开幕

保障农民财产权益首入总理报告

据新华社电　第十二届全国人民代表大会第一次会议5日上午在人民大会堂开幕。国务院总理温家宝向大会作政府工作报告时指出，要深入学习和全面贯彻落实党的十八大精神，高举中国特色社会主义伟大旗帜，以邓小平理论、“三个代表”重要思想、科学发展观为指导，紧紧围绕主题主线，以提高经济增长质量和效益为中心，深化改革开放，实施创新驱动战略，稳中求进，开拓创新，扎实开局，全面推进社会主义经济建设、政治建设、文化建设、社会建设、生态文明建设，实现经济持续健康发展和社会和谐稳定。

温家宝的报告分为三个部分：一、过去五年工作回顾；二、今年经济社会发展的总体要求、主要预期目标和宏观经济政策；三、对今年政府工作的建议。

温家宝在政府工作报告中强调，全面建成小康社会的重点难点仍然在农村；必须坚持把解决好“三农”问题作为全部工作的重中之重。他说：“农村土地制度关乎农村的根本稳定，也关乎中国的长远发展，其核心是要保障农民的财产权益，底线是严守18亿亩耕地红线。”这是首次将保障农民财产权益写进政府工作报告。

温家宝指出，我们清醒地认识到，经济社会发展中还存在不少矛盾和问题，有些是长期积累的，有些是经济社会发展过程中出现的，有些是政府工作中的缺点和不足造成的。我们要以对国家和人民高度负责的精神，更加努力做好工作，加快解决这些问题，决不辜负人民的期望。

温家宝说，今年经济社会发展的主要预期目标是：国内生产总值增长7.5%左右，发展的协调性进一步增强；居民消费价格涨幅3.5%左右；城镇新增就业900万人以上，城镇登记失业率低于4.6%；城乡居民人均收入实际增长与经济增长同步，劳动报酬增长和劳动生产率提高同步；国际收支状况进一步改善。

温家宝结合过去十年特别是近五年工作的体会，对今年政府主要工作提出四点建议：加快转变经济发展方式，促进经济持续健康发展；强化农业农村发展基础，推动城乡发展一体化；以保障和改善民生为重点，全面提高人民物质文化生活水平；以更大的政治勇气和智慧，深入推进改革开放。

在温家宝总理近100分钟的报告过程中，会场多次响起热烈掌声（政府工作报告摘要详见第4版）。

右图为温家宝作完政府工作报告回到座位后与李克强握手。

□新华社图片

走向市场还是重回体制

传统涉农媒体的商业模式与都市类主流媒体一样：以农民为主要受众，生产和销售有价值的内容，获得可观的发行量，并通过对发行的二次售卖，实现广告收入。但农村地域广阔、读者分散，发行成本高企的同时，报纸的影响力被严重稀释；农民购买力较弱，农业企业广告投放量有限。在上述种种因素影响下，涉农媒体一直处处受到挤压，整体经营状况不佳。从本质上来说，传统报业的盈利模式机械地运用在涉农媒体上，存在致命的缺陷。

穷则思变。在研讨会上，对于涉农媒体的定位和转型的方向呈现出各种截然不同的声音。江南大学中国报刊发行研究所所长吴锋大胆地提出，在城乡一体化步伐加快的宏观背景下，涉农媒体应主动放弃农村定位，大胆放弃农民定位，转而主动思考农业定位，变“三农”为“一农”。将现代涉农媒体定位为“以现代科技为主线，以农业市场为主轴，以农产业为主要领地，以现代职业经理人为核心，以多媒体多渠道呈现为平台的新一代农业信息综合服务供应商”。

与市场化运营思路不同的是寻求政府支持，突出涉农媒体的公益属性。农民日报社长唐园结以《农民日报》近几年发展情况阐述了媒体搭建政策承接平台，在向市场要效益同时，成为连接政府与民众的桥梁与纽带，畅通上情下达、下情上达渠道的成功做法。他认为，涉农媒体不仅要为农民服务，也要为“为农民服务的人”服务。既要盯准农产业链条，又要积极争取政府扶持。紧紧围绕“三农”工作总体布局，把握涉农部门的工作重点，精心策划报道，寻找新闻落点，既为政府部门认可，又为农民喜闻乐见。

而《陕西农民报》、《河南日报》农村版等涉农媒体，均表达了类似看法，就是将涉农媒体的主要受众定位为基层党政机关和各级涉农主管部门，其承担宣传党和国家方针政策的政治任务，同时由政府财政予以扶持和资助。

如何重构运营模式

涉农媒体如何服务农民？如何重构市场化的运营模式？

暨南大学新闻与传播学院院长范以锦提供了另一个思路：报刊为什么长期以来非要在单一的，也就是完全依靠广告的模式中求生存？许多报刊有很好的品牌效应，如能借助品牌延伸出新的盈利平台，而这种平台又需要纸媒“营销传播”的支撑，纸媒就没有理由因纸媒自身亏损而“消亡”。纸媒的“营销传播”功能会将利润转移到延伸出去的平台上。

未来媒体真正需要思考的，不只是如何做好内容，而是要重新反思内容部门的定位，全面改造自身的盈利和影响力生成模式。如果用眼下最热门的平台战略和群体创造概念观之，就是要打破原有单纯以内容为中心的价值观，建立以商业价值为中心的群体创造价值观，实现价值创造过程中的分权，使之由原来媒体内部的高度集权转向由读者、客户、合作伙伴、内部员工等各个群体的互动。构建一个庞大而且可以重构的资源网络，打破传统界限，拓展利益相关者之间的联系，为媒体生态系统中的参与者搭建平台，并创造出新的商业价值。

《中国农村类报纸转型研究》一书的作者、暨南大学新闻与传播学院讲师陈娟，以《南方农村报》转型为例，系统阐述了涉农媒体市场化发展的思路。其一，“利基市场的领导者战略”，即是在农村市场做到最好，市场份额做到最大。专业化是《南方农村报》实施这一战略的具体方法，以专业化体现差异化，以差异化赢得竞争优势；其二，利用品牌营销提升涉农媒体的社会影响力。明确自身生态系中的利益相关者，本着实现媒体与媒体利益相关者“共赢”的目标，组织品牌活动，是涉农媒体提升影响力的有效路径。需要着重指出的是，营销的拓展与报纸品牌影响力要匹配，“内容为王”的品牌打造，至今仍然是营销的基础。坚持为农民服务的定位，

河南日报农村版
Henan Daily Countryside Section
西峡：用生态理念发展特色农业
永城：始终把粮食生产放在首位
征地区片综合地价标准公布
舞钢市：招商选资 打造品牌

陕西农村报
寻访中国梦·丹凤篇
从土门村到人民大会堂
来自基层的祝福

无论从报纸品牌形象的塑造来说，还是从履行公共责任而言，都不能放弃。

其三，搭建和开发涉农大平台。具体做法是，在原有读者—报纸—广告客户的传统营销链中，嵌入农资经销行业链，突破原有媒体平台双边市场中读者购买力弱和企业客户广告投放有限的瓶颈。例如，与农资企业合作涉足农资生产和代理销售；整合批发商，涉足农资经营；整合零售商，创建农资加盟连锁；组建读者俱乐部，促进农民购买农资；农资经销链与媒体广告发行链互为促进，在销售农资的同时促进报纸的发行，在代理农资产品的同时，促进企业投放广告。

农村是个大市场。范以锦提出，涉农媒体要开发和撬动这个市场，必须确立传媒大视野的观念：从单一的内容提供到大信息呈现；从为农民、为农业服务拓展到为产业链上下游产业服务；从线上活动到线下参与，拓展传统媒体与新媒体的互动；实现从打造品牌到营销品牌的延伸。

陈娟则认为，涉农媒体平台要进行“质”的改造，由单一平台企业转型为“涉农大平台”。单一平台指的是传统的“内容提供平台”，“涉农大平台”指的是成长后的平台，它不仅包括传统的平台，还包括网络技术催生的全媒体服务平台，例如农产品交易平台、农民生活服务平台等等。如果能有效整合农村市场生态系统的各方资源，找到相关利益方的价值点，则可以共同创造出新的利益增长点。这或许正是涉农媒体未来发展的方向。

（作者系南方农村报编委兼农财宝典水产版主编）

南方日报
“引爆广州”战略的实践和思考

□郑佳欣

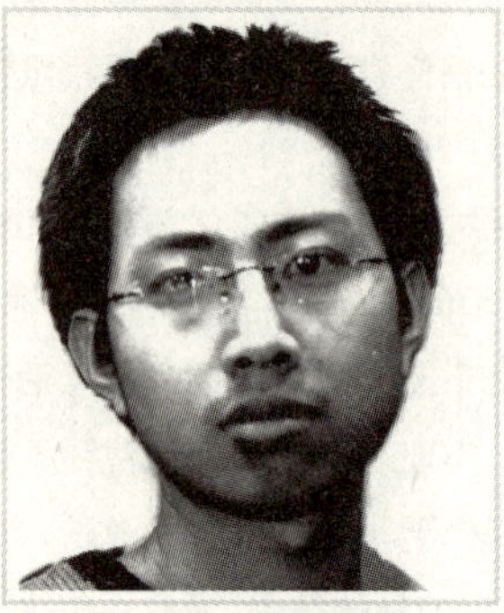

郑佳欣

近年来，随着新媒体的出现，报业竞争的加剧，党报的影响力和市场竞争力受到了前所未有的冲击和挑战。作为传统主流媒体的党报，如何应对来自市场、读者和新媒体竞争的压力？如何最大限度地扩大党报的舆论影响力？

南方日报以第八次改版为契机，在深耕珠三角区域市场的基础上，启动“引爆广州”战略，以每周 36 个广州新闻版的规模，抢占强敌环伺、媒体竞争全面升级的中心城市市场，触发“党报走市场”改革的攻坚战役。

一是战略引领：站在“一把手”的高度思考城市发展问题，以省报的高度确立独一无二的新闻优势和“江湖”地位

党报进入中心城市市场，如何避免与都市类媒体形成同质化竞争，如何有所作为？南方日报广州观察的策略是：站在区域发展的全局，以“大时政、大经济、大文化、大民生”的视角观察社会，关注人群，影响城市。

大时政的政治权威优势、政策公信优势、信息解读优势，大经济的宏观优势、专业优势、前瞻优势，大文化的时代性、现实性，与大民生的百姓立场、人文关怀，构成南方日报在广州等区域市场的差异化竞争优势，从而与同城其他媒体鲜明地区分开来。

广州探路新型城市化的策划报道，便是南方日报用“有高度”的新闻产品成功落地、影响城市发展潮流的经典案例。围绕时任广东省委书记汪洋点题，省委常委、广州市委书记万庆良力推的广州新型城市化，南方日报以全景式报道手法打造优质新闻产品。首先，在要闻时局版连发 3 篇有分量、有影响力的综述，指明广州走新型城市化道路的重要意义和主要路径。紧接着，推出《新城市 新广州——新型城市化广州幸福发展报告》，独家专访万庆良，强化了南方日报在高端读者群中“主旋律营销优质平台”的品牌影响力，实现了社会、经济效益双丰收。

当前，多个区域经济规划获批，区域经济活力空前高涨，大到珠三角区域一体化发展，小至南沙新区、海珠生态城等广州发展新亮点，都希望通过权威、主流媒体有高度、有引领性的策划报道，促进经济社会各个项目又好又快地推进。南方日报广州新闻部为萝岗区策划并一手操办“健康萝岗”论坛及相关系列报道，通过搭建报纸、互联网、活动、论坛等全媒体传播平台，全面包装“健康萝岗”品牌，塑造“健康萝岗”的政治价值、品牌价值和幸福价值，引起了本地高端读者的强烈共鸣。以高度的视野和全局的观念观察和研判区域发展的问题，找到了新闻策划与市场经营两者的有机结合点。

二是思想引领：以思想性引领中心城市的舆论场，占据广州

新闻竞争的思想高地

在众声喧哗的大传媒时代，各种观点、思想的表达与碰撞，早已超越了信息传播地域、时间和形态的界限，但是也存在着水平良莠不齐等诸多问题。在新媒介环境下，面对“乱花渐欲迷人眼”的海量信息，人们更需要对事件或问题更专业的分析、更准确的理解和更深入的认识。思想就是力量，思想就是话语权，这一点由此更为凸显。

南方日报广州观察在中心城市的热点议题上不失语、不缺位，在提供信息以外呈现一些具有思想深度和独到见解的观点。南方日报广州观察专门开辟了评论专栏——“广州大道”,每天推出 1-2 篇评论，在城市发展的热点、焦点新闻面前，第一时间发布权威观点，先入为主，先声夺人，直面问题，占领城市议题的舆论制高点。

2012 年 6 月,《南方日报·广州观察》在版面头条置顶位置刊发了《媒体之痛》的评论，带头对媒体关于在《舌尖上中国》露面的竹园竹升面老铺铺租上涨的报道深刻反思和公开道歉，在微博上引发强烈关注和海量转发。网友纷纷对南方日报敢于自省的勇气和责任感叫好。这也成为党报评论在受到网络舆论冲击后，重新赢得舆论影响力和新老媒体良性互动的典型案例之一。

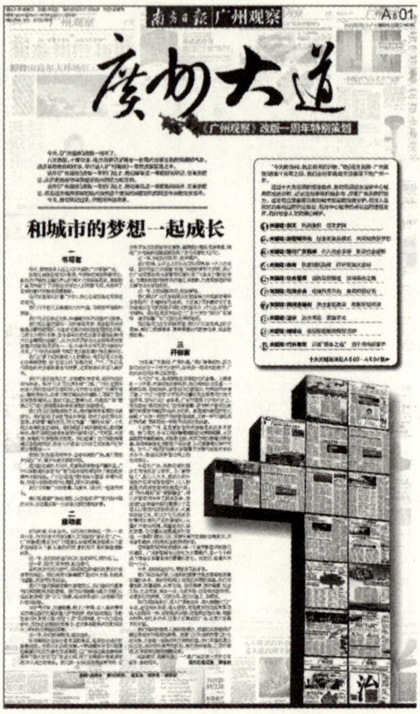
南方日报 广州观察
A01
广州大道
《广州观察》改版一周年特别策划
和城市的梦想一起成长

广州观察
A01
高架桥下“风景”几多违规开发？
记者走访发现，不少高架桥下空间成了住所食肆，安全隐患不可小觑

三是深度引领：率先走差异化之路，做强做大本地化深度新闻的“蓝海”，以前瞻性的眼光占据广州纸媒市场新一轮比拼的先发优势

在全媒体时代，新闻竞争已不再是短、平、快的交锋。网络媒体和自媒体无法通过自发的发布和碎片的简单聚合，形成深度、完整的新闻产品。在真正庞杂和重要的话题中，读者面对繁芜而布满陷阱的信息海洋，仍然需要有深度、有信度的新闻产品。

南方日报敏锐地捕捉到这一点，以立足广州的本土化深度、调查报道放大省委机关报的公信力，扩大报纸在读者中的影响力，帮助报纸在全媒体时代日益激烈的中心城市媒体竞争中找到自己的位置。

广州新闻部集结了部门的精干力量组成深度小组，对重点选题快速反应、深度挖掘，以更理性、更客观、更贴近、更具建设性的深度报道，找到提升区域新闻品质的核心突破点。2012 年 6 月 29 日凌晨，一辆油罐车与货车碰撞泄露着火引发的意外交通事故，让广深沿江高速南岗高架桥下的木材加工厂变成火海，桥下平房连片使其演变成 20 人死亡的惨剧。广州新闻部除了第一时间派出记者赶赴现场关注动态，还派出记者巡城调查高架桥、立交桥下存在的各种安全隐患，并在 7 月 2 日以整版深度调查重磅推出，引起了社会各界和有关部门的强烈关注，推动了相关部门掀起全城排查高架桥下安全隐患的大行动。

从某种程度上看，本土化、专业化和纵深化三者的有机结合，正在为南方日报立足区域市场提供更广阔的空间。

四是专业引领：聚合报社一流的专业报道资源，组建虚拟团队，集中优势兵力主攻广州市场

打造优质新闻产品，强有力的执行团队是关键。在不增加人手的情况下，南方日报由时政新闻部、经济新闻部、文体新闻部等部门各指派若干名记者兼顾广州新闻版块的采访，组成一个虚拟报道团队为广州观察供稿。依靠这个集结了报社最专业、最尖端报道力量的虚拟报道团队，广州观察在没增加一个人的情况下完成了扩版，报道质量明显提升。

虚拟团队是一种“以项目为中心”的动态、柔性、高效协作的人力资源组织模式，被誉为 21 世纪的人力资源组织模式。与传统的采编报道团队相比，虚拟采编团队正如“奇兵”一样，具有“目标清晰、行动迅速、装备精良、机动灵活、作战能力突出”甚至“既耕既战”等优点。

从南方日报的实践效果看，虚拟团队的建设，打通长期存在的部门壁垒，盘活报社内部的人力资源，从而减轻了单一部门主攻广州市场的人力压力。在“引爆广州”的战略坐标下，如何进一步发挥虚拟采编团队的作

用，将在区域市场竞争中起到出奇制胜的效果。

目前，“广州观察”在教育、楼市等专业板块以虚拟团队的形式实现初步的聚合。如每周二推出的教育周刊，聚合了南方日报时政新闻部、专刊部、广州新闻部等多个部门的业务骨干，推出一系列有分量、有影响力的报道。去年 11 月 20 日，教育周刊虚拟团队采写的稿件《小学连跳三级 初一拟申请退学》引起轰动,在微博上引发了 2.4 万余次的转发和评论，网友围绕教育理念进行热议。

整合出生产力，聚合出高效益。这种基于版面和具体新闻选题的虚拟团队模式如果能够实现更深度的聚合，组建包括采编、经营、发行骨干在内的紧密型团队，在采编模式、经营模式和发行模式的创新上合纵连横，对重点拓展领域进行攻坚作战，还将凝聚成更强大的影响力和竞争力。

党报竞争力是一种合力，提高党报在区域市场的竞争力更是一项系统工程。南方日报“引爆广州”战略刚刚起步，怎样面对各类媒体激烈的新闻竞争，怎样面对新媒体的入侵，怎样扩大中心城市的市场份额等，还有待在具体操作中不断摸索和研究。要全面提升省委机关报在中心城市的竞争力，更需要我们继续深化改革，推动党报的转型升级。

（作者系南方日报广州新闻部副主任）

新闻理想，不是一句誓言

□刘虹岑

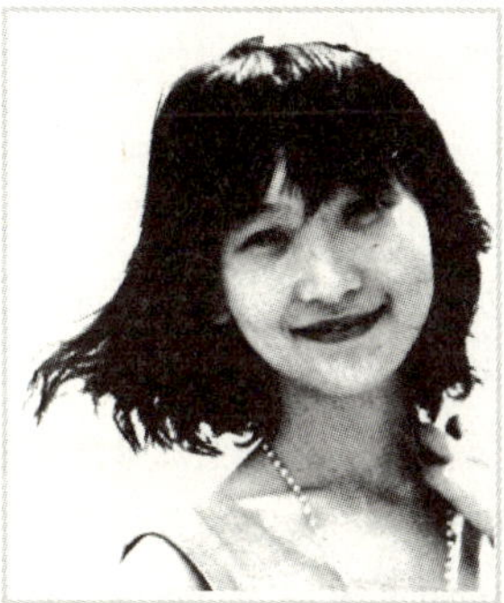

刘虹岑

大二上学期，借着学院与南都合作的“中大－南都网教学实习基地”，我边上采访写作课，边为南都网传媒频道供稿。我供稿的两个栏目是“传媒攻略”和“记者访谈”，将新闻背后的新闻写成攻略指南，讲述记者在新闻路上一路走来的故事。主要的访谈对象是业内的记者精英。

面对自己的前辈和偶像，我从一开始渴望他们醍醐灌顶般地传授经验，到后来逐渐学会了平视对方并打量他们的经历；从一开始小心翼翼地请求被访者“尽可能多地提供一些细节”，埋头狂记前辈的金玉良言，到后来与被访者“比武”交手式地你来我往，虽不见刀光剑影，但已不是一味地被动退缩。这一切发生得是那么自然而迅速，连我自己都来不及发觉自己的成长。我想，不是初生牛犊不怕虎，而是没有什么比一张白纸更无拘无束。

“你的新闻理想是什么？”三个月之前，不管是面对什么记者，我劈头就这样问。后来，随着采访范围的扩大和深度增加，我渐渐懂得记者，不是一种荣耀，所谓理想也不是一句空话，因为无论你是什么记者，走在新闻路上，就得脚踏实地，做好这份工。

采访，从仰望到平视

我人生中的第一次采访现在回想起来就好像一个高中生见了自己最倾

慕的偶像。从等待采访开始，就坐立不安，手里攥着采访提纲修改了一遍又一遍；接通电话，电话中传出的“嘟——嘟——”声让我的心蹦到了嗓子眼儿，一开口便是：“老师，您说得对……”

那是采访《中国青年报·冰点周刊》的记者赵涵漠，解析她写的那篇《永不抵达的列车》。由于采访够充分，报道读下来就好像听广播，只是别人在说，我在听，没有对话，更谈不上交锋。

想起一个故事，多年前，陈虻听见刚进央视工作的白岩松采访时叫对方“老师”，觉得别扭，让他一定得改。后来，白岩松说，他的第一步成长就是从不叫“老师”开始的。当然，我毕竟还是一个学生，出于礼节也应该叫前辈“老师”，但这提示我至少在心态上要将自己摆在与对方平等的位置，在内心平视对方，无论他是谁。

然而真正悟到这一点，还是在采访了“亚洲最危险的女人”之后。采访学院院长胡舒立，我当然得卯足了劲儿。为了让自己显得更加干练，更像个老练的记者，那天我特意把头发扎起来，穿上一身黑——黑夹克、黑裤子、黑鞋子。

我手里拿着录音笔和笔记本，从会议室拦截下要立刻赶往外地的胡舒立，追着她下楼。我问她揭露真相与权力限制之间如何博弈（这个问题显然有些过大了），她头也来不及回，朝着接她的车大步走去，边走边抛下一句话：“自我设限的人太傻。”我觉得困惑，隔着车窗大声问为什么，她摇下车窗，说她要走了。我当时不知道哪里来的勇气，一把抓住她的手，说：“胡奶奶，您等一等，先听我说完好吗？”她露出微笑，让我上了她的车……也许是我那股真诚的傻劲儿打动了她。

将视角由仰望拉向平视，不需要强大的气场或者是多么高深的采访技巧，而只需要真诚地发问，把对方当做一个可以交流的人。

后来，在采访《南方周末》记者陈鸣时，他说：“客观是全世界最低端也最低劣的操作法则，听上去好像很理智，但其实客观在消磨新闻本身。”这一次，我不再简单地听之信之，而是用请教的口吻、谦虚的语气问道：

“难道不客观可以吗？”

“我不希望我的文章客观，而希望它公允。”

“公允是什么？是不客观吗？”

“尊重事实、客观公正地考察了那个人以及他所在的环境，这叫公允。现在的客观是没有理解事件本身，无法对事件做出判断的情况下的伪客观。”

原来他的意思是，不否认客观的价值，而是否认看上去客观公正但不负责任的操作方法。

平视一个人，不仅仅是在目光交接处，更是在思维交锋时。真理只有在交锋中才能完全地呈现出来，否则即便那是一句无可争议的话，也是扁平而缺乏纵深感的。一个合格的记者要在平视他人的过程中找到真相，也要在平视他人中更好地反思自己。

写作，关注新闻之外

关于写作，我一直在思考，记者如何将复杂的人和事呈现给读者，用新闻之外的事件去准确地解释新闻。

我问过陈鸣，为什么写蔡洋时不从砸车现场写起，而是从他的童年、他的生活开始，难道不是砸车现场促成他成为一个新闻人物吗？

他说，其实他在写蔡洋前传，写蔡洋为什么会成为今天的蔡洋。之后发生的事情，现在看来并不是那么重要了，更重要的是因为在他生命的前二十年就把这颗种子埋下去了。

没错，读者需要理解为什么悲剧会发生，因为只有这样才能去改变。但记者又如何保证自己站在新闻之外的归因不会出错呢？

永不抵达的列车

莫言得奖之后，有很多记者开始关注莫言，写莫言为什么成为作家。从他自己的作品中，饥饿这个细节被反复提及。莫言为什么成为作家并没有什么其他特别的原因，不是我们所想的从小异于常人的天赋或是对文学的狂热，饥饿是莫言写作的直接动因，写作仅仅是为了“每顿饭吃6个馒头”。

所以，当我们依靠常识或自己的偏见去解析一个人物或事件时，往往会出错，但毕竟人与事都太复杂而报道的篇幅又太有限。但是如果没有判断，呈现出的只是一些碎片化的人物形象或事件片段，不可辨识。

实习期间，我写了篇《“邵氏”弃儿：逼近真相的全部》，试图还原财新《新世纪》的封面报道《“邵氏”弃儿》的出炉过程——从发现线索到深入当地调查，到最后选题成稿的过程。当时，我在想，如果只是按事件发展顺序写作，会不会解释力不够，仅仅是讲了一个故事而已，但后来还是因为害怕犯错，而没有按自己的理解去重新拼接、组合材料。最后，这篇报道虽叙事结构严谨，讲清楚了这篇封面报道的来龙去脉，但读者很难在读过之后理解为什么一个重大的新闻竟拖了8年之久才发表，这其中究竟有什么样的原因。

理解一个人与认知一件事是一个道理，它需要我们宏观地判断和把握，同时也需要在采访中反复印证，及时修改。我为“记者访谈”栏目供稿时发现，写人物稿或许是天下最难的事情，它会引诱写作者做出一个上帝才会做出的审判他人的事情。事实上，任何人都经不起细节上的审视。我能

南方周末

饶宗颐：万古不磨意，中流自在心

官员自身坦荡，自然无惧批评

艰难的风景

砸车者蔡洋生存碎片

做的只是努力地拼凑出一个人的一个面，让这个面与后来发生的事情有一个逻辑联系。

我在采访《理财周报》记者丁青云时，试图剖析丁青云之所以会成为今天的丁青云的原因。她大学毕业后被普华永道录取，干了不到一年便跳槽来到当时名不见经传的《理财周报》工作，第一个月的工资只有 800 元。一开始我以为是对新闻的一腔热血促使她做出这样的选择。但后来，我发现自己错了。采访中，她一直在重复一句话："一个需要振臂疾呼的社会，并不是一个健全的社会，一个理性的社会是不需要热血的。"反倒是她童年贫困而闭塞的处境、她从小不服输的心态、范以锦老师的鼓励驱使她做出了做一个追新闻的小孩的决定。人是复杂的，多面的，概括时也需要多面概括，避免单一化地"贴标签"。

理想，不是一句誓言

在实习之前，我脑海中对记者的印象是，站在暴风雨中，面容憔悴而坚强，为社会正义振臂疾呼。但遇见那么多记者之后，发现他们并非都有"仗剑走天涯"的侠客气概，有的只是对这一行发自内心的喜爱，因为喜欢新鲜的人和事，所以选择了新闻。

以前，我在掂量自己未来的新闻路时却总是习惯用新闻理想来鞭策自己。新闻理想就像一只灯塔，为我指明方向。

后来，问得人多了，了解的事件多了，我才发现，其实所谓新闻理想，它不是一句誓言。

采访时，我总会在最后问记者一个关于新闻理想的问题。当时，我心里总期望着收获一个热血沸腾的答案——"铁肩担道义，辣手著文章"亦或是"为弱势群体振臂疾呼"云云。然而记者们的回应，却与我想象的大相径庭。印象最深的，是南都摄影记者梁音的回答："每个记者都会有新闻理想，就像每个人都会穿底裤一样。但是新闻理想不能穿在外面：很多时候不能把新闻理想当做从业的内在驱使。"

理想或者热情就像一团火，让人内心炽热，但燃烧之后只剩下一地灰烬。其实做记者这份工作需要的不是热血，不是理想主义，而是敢说真话。

80 多年前，林语堂曾经提出了对新闻工作的期许：受到伤害后"喊痛的自由"。然而，直至今天，喊痛仍然会因为强权而失声。我遇到的新闻人中，上官敫铭、周筱赟、丁青云等等都曾因为说真话、"喊痛"而被威胁。一位曾获得普利策奖的美国记者说过，最困难的不是说出真相，而是说出全部的真相。因为那需要真正的理想和勇气。

我正走在学习新闻的路上，有荆棘，或者迷茫。但如同作家纪德所说："你们要努力进窄门。因为引到灭亡，那门是宽的，路是大的，进去的人也多。引到永生，那门是窄的，路是小的，找着的人也少。"

（作者系中山大学传播与设计学院学生、中山大学－南都网教学基地实习记者，指导教师：张志安）

传媒茶座

传媒茶座

做杂志如种树

□朱学东

朱学东

年前，《看历史》杂志的一群同业发了个声明。我对这本杂志有所了解，是他们的读者，与他们中几位也有来往，还曾应他们编辑之邀，写过一篇《小蝌蚪的妈妈去了》的文章。

物伤其类，其心亦哀。看到这样的场景，难免兔死狐悲。感同身受之余，发了条微博，表达自己关切：

“做杂志如同种树，十年才能有树木，不是种白菜，夏种冬即收。《看历史》朋友们几年的努力，其进步有目共睹，在碎片化八卦化的时代，大家对严肃读物的期许也越来越高，这也是我在2012年的年度传媒盘点中列入《看历史》的原因。希望问题能够平缓解决。”

依我的观察和过往的经验，《看历史》这份杂志在浮躁的碎片化时代，正在走着一条艰难而独特的道路，不过，其品牌影响力已经渐渐显现，继续走下去，或成正果。但不幸来临了。

撇开具体情况不说，调整作为一种商业策略，资方、主办方的选择无可厚非。但是，当盈利预期或者在办刊策略方向上，资方与职业媒体人之间默契不再，而致分道扬镳，甚至两败俱伤的，在中国的媒体界，时有发生。

这让我想起柳宗元的《种树郭橐驼传》。其实这也是一篇投资杂志很好的总结。

在柳宗元笔下，郭橐驼擅长种树。无论是栽种移植，没有一棵不活的，“且硕茂，早实以蕃”。其他种树之人，无论是偷师学艺，还是慕名效仿，却不能像他一样。

有人忍不住问郭橐驼，他回答说：“橐驼非能使木寿且孳也，能顺木之天，以致其性焉尔……”

做杂志，也要遵从杂志成长的内在逻辑，这种内在逻辑，就是“顺木之天”，也就是做杂志人的价值观与某种社会精神的契合，形成杂志的价值观，然后“以致其性”，让这种价值观得以传播，赢得持相同价值判断的读者。

最怕的就是资方的反复无常，以及“我的地盘我做主”的心态，对最初设定的目标，一再摇摆，甚至直接插手具体办刊方向和业务，让职业媒体人人心涣散。

一旦杂志经由挑选的职业媒体人操作，资方更应该像种树的人一样，“勿动勿虑，去不复顾。既然已其莳也若子，其置也若弃，则其天者全而其性得矣”。

最怕的就是资方的反复无常，以及“我的地盘我做主”的心态，对最初设定的目标，一再摇摆，甚至直接插手具体办刊方向和业务，让职业媒体人人心涣散。杂志的追求，其实是附着在职业媒体人的追求之上的。一旦职业媒体人的专业精神和职业素养受到袭扰而涣散，皮之不存，毛焉附何！这样的话，神仙也救不活杂志。

所以，投资者对所投杂志关爱太多，考虑太多，希望太快，对于杂志而言，不是好事。

所以，郭橐驼才说：“爱之太恩，忧之太勤，旦视而暮抚，已去而复顾，甚者爪其肤以验其生枯，摇其本以观其疏密，而木之性日以离矣。虽曰爱之，其实害之；虽曰忧之，其实仇之。”

其实这就是投资杂志的警世恒言。在传媒业的投资案例中，郭橐驼式的成功案例有，相反的更多。

当年三联投经观，复兴投二十一，其实都是郭橐驼式的。当然，许多非郭橐驼式的失败者，媒体业的投资环境以及门槛的不确定性，进入之路已多坎坷，退出之路更是难筑，是导致把种树当种白菜的急功近利心态的重要原因。

对于职业媒体人而言，做杂志同样需要种树的精神。做杂志需要一个相对较长的时间，才能确立起自己的影响力和品牌，才能实现社会价值和市场价值。就像种树一样，把种子栽种到有相同追求的人心中，假以时日，便会开花结果，到那时，树木才能成荫，才能实现自己的社会价值和市场价值。

（作者系中国周刊总编辑）

新闻范

□顾卉妮

顾卉妮

如果说每个行业都有一定的行业范儿，我时常想，新闻从业者的范儿该是怎样的？很多人都读海外报章，常常为外国同行报道的敏锐与深度叫好。但生蛋的母鸡到底如何工作，却很难为人所知。就个人观察，他们的术与道均与国内同行有别。

以一位熟识的外媒驻华记者为例。如果白天没有约访，他可能会在住所附近游一会儿泳。长年伏案，让他的颈椎变得很不好，因此游泳这样的运动成了必须。中午午饭时间，他进入办公室，案头上早已摆好了当天重点国内外媒体新闻摘要。同时，他自己也会很快地把当天的报刊彻底地翻阅一遍，将一些感兴趣话题的文章做好记号。然后，实习生会接手这一篇翻阅过的报刊，将做了记号的文章剪下，归到相关话题的文件夹里。(《纽约客》记者何伟曾经在书里写过，他第一份新闻相关的工作，就是在《华尔街日报》当这种剪报员（clipper）。)这个从阅读到收录的过程，是记者本人自建的一个档案馆，当研究选题的时侯，记者可从档案馆里抽出相关的文件夹来，仔细研读与分析。虽然今天，大部分记者都在使用“Factiva”、“Lexis Nexis”等专业新闻数据库，但不少记者还是同时保持着传统的剪报习惯，为的就是便于日后集中翻阅。

阅读同行的作品热身后，一天正式工作开始。他可能为一个新的选题开始调研，也可能继续完善一个已经追踪了大半年的选题。同一个时期，他有可能同时为 3 - 4 个选题工作，长短线交错。好比在不同时期种下的一阳台的蔬果，哪个相对成熟了就摘下来交给编辑继续催熟，直到切片上版。我曾经问他，这么多大跨度的选题夹杂在一起做，每个开始的周期又各自不一样，难道不会让思绪过于凌乱吗？他言，等你长期在这行业做久了，就会希望能多点不同的口味，不至于让自己沉溺在一个报道里面。这种在不同的选题中灵活切换，其实非常需要功力。一流的记者，都能掌握好这种节奏，并且知道如何在调研不同的选题时汲取更多的灵感。

他可能为一个新的选题开始调研，也可能继续完善一个已经追踪了大半年的选题。同一个时期，他有可能同时为 3 － 4 个选题工作，长短线交错。

在办公室的调研告一段落后，下午 3、4 点，他有可能离开办公室，换一个非办公室的地方，只带一纸一笔，专心写作。这个也是我好奇的问题：难道星巴克一定能让人文思泉涌吗？他仍然用那套变化的哲学回答我，刻意改变工作地点，会给大脑一种暗示，使大脑保持新意。另外一点很重要的是，他需要大声地朗读自己写作的每个段落，确保语言简单，意思到位。闹哄哄的咖啡馆恰恰最适合这样的朗诵。最后，如果运气好的话，可能会在咖啡馆遇到一些有意思的人，与他们聊天，可能给你未来的故事带来好题材。

咖啡馆的一两个小时之后，下午 5、6 点，他回到自己的办公室，开始下半场的工作：录入采访记录、录入纸面写作的段落、约访与采访、修改老稿、动笔初稿……如果没有应酬，夜晚的到来才是工作真正的开始。从下午 6 点，直到凌晨，甚至是凌晨 3、5 点，这段时间里，有无数的初稿开始拟定，无数的点子生根发芽，无数的通信与编辑之间发生——在国际性的大报里，那些曾多年从事前线报道的编辑，绝对是文章的主导。最后见报的稿子，与记者的初稿常常有天壤之别。因此，记者必须要保持与编辑的沟通，随时根据编辑的新指示调整报道方向。与此同时，读书是必然的。记者的办公室里永远是360度空间里都是书本、行业报告，如果没看清楚，很容易被脚下砖块般的书绊倒。如此，将这样一天的日程安排乘以一周七天，一月，一年，十年，二十年，方成就得了一篇篇全世界记得住的报道。

好报道来自于对新闻本身的专注。当然了，当别的记者跑上去抢矿泉水瓶的时候，他们会冷静地在台下拍下照片：嗯，这也算新闻一条。

（作者系纽约时报上海站前新闻助理）

“两会”记者

□叶铁桥

叶铁桥

“两会”是一个观察中国社情民意的窗口，也是记者们的PK场和秀场，数据显示，1987年采访两会的中外记者仅340人，但到了2013年，光有证记者就有3000多人。另据估算，无证记者规模跟有证记者相当。6000名记者的规模已经超过了5000余名代表的规模。

笔者跑了5年两会，从2008年到2012年，恰好跑了完整的第十一届两会。5年下来，对“两会”记者的角色和定位也有了些认识和理解。一般来说，“两会”记者分为新记者、老记者；有证记者、无证记者；男记者、女记者；境内记者、境外记者这几组概念。

前些年，一家新闻单位能上两会的记者名额少，像中国青年报，在上世纪90年代一般也就三四个人，所以，报社会派出最有经验且能力出众的记者当纲

“两会”记者。但随着上会记者的名额越来越多，像中国青年报今年就达到了17名之多，所以也会派上一些年轻记者，把“两会”当“练兵场”。

新手上会，一头扎进茫茫人海中，很快就会在信息爆炸中迷失自己。见着谁都觉得是采访对象，却鲜有认识的，所以不免视线长期下倾30度——专盯代表委员胸牌看。一旦发现有代表委员被围住采访，就立刻凑上前去递上录音笔，听完了还不知道接受采访的是谁。

所以有时候不免闹出“段子”。2012年3月5日，人大开幕那天，有记者在天安门广场堵住高铁专家王梦恕，马上记者纷涌而至，围个里三层外三层。最里面记者问完出来了，外面的问里面人干什么的，答高铁专家。有记者听岔了，听成高考专家，挤进去就问怎么看待异地高考。王梦恕对这个也能说几句，于是高考问题一个接一个地来了。

新手们在写稿中也容易犯错，比如“提案、议案”不分，把审计署审计长写成署长，把委员的“参政议政”写成“履职”，把代表的“履职”写成“参政议政”等。

“‘两会’最美女记者”也是近年来两会中一道不变的媒体议程，甚至像某卫视的“一姐”“二姐”之争这类花絮性小八卦也不时飘出会场外。重点失焦，遂使花絮横行，亦可侧证“两会”新闻缺乏锐度。

有经验的记者会好很多，报道常识上难出错，代表委员也容易混个脸熟。问题在于，老记者跑久了会生倦。

这些年来，“两会”最大的问题在于“大音希声”，由于代表委员的不专业及“小事上大会，大事上小会”的会议特征，使得一届两会上能讲、敢讲、讲得既专业又有深度的代表委员总是那些人，据我估计不超过100人，他们当然就成了“香饽饽”，比如叶青、葛剑雄、韩德云等，几乎所有媒体都会采访他们，甚至在一次两会中采访多次。十几天会议下来，他们喉咙都是嘶哑的。

由于几千记者采访的内容高度雷同，两会报道已越来越不被受众重视，开两会时，我们两会报道组成员也自嘲道：两会新闻是“写谁谁看，谁写谁看”。

除了新手和熟手外，“两会”记者还可分为有证记者和无证记者。有证记者作为“有身份证件”的人，在采访便利上自然高出无证记者一截。无证记者只能或者在会场外逡巡，或者请熟识的代表委员带进去采访。

但无证记者并非无所作为，2009年，《新世纪周刊》记者王和岩无证，在友谊宾馆守了两天，总算逮到一位就餐出来的委员，是某省的政协主席，王和岩问他怎么看待官员财产公示制度，主席说对这个问题没有研究。王追问会不会提这样的建议或者议案，该主席反问：“不会。如果要公布，为什么不公布老百姓财产？”王据此写出的报道令该主席的金句轰动一时。

“两会”报道还有男女记者之分，很多人认为，女记者的优势比男记者大，因为她们可以通过精心化妆和鲜艳衣装吸引注意力，再加上会议期间还有个妇女节，她们获得提问的机会可能会多一些。

“‘两会’最美女记者”也是近年来两会中一道不变的媒体议程，甚至像某卫视的“一姐”“二姐”之争这类花絮性小八卦也不时飘出会场外。重点失焦，遂使花絮横行，亦可侧证两会新闻缺乏锐度。

由于内外有别，境外记者一般最头痛两个：一个是两会向他们开放的采访场次不多，他们只能在“媒体开放日”才能去旁听和采访；二是本身容易成为被采访对象。

一位香港记者由于蓄着大胡子，特别引人注目，他告诉我，每次上两会，他必被会问到这两个问题：“您是第一次采访两会吗？”“你最关心什么问题？”他说，自己一般都苦笑不答。

（作者系中国青年报特别报道部副主任）

英女王圣诞致辞视频观后

□闵大洪

闵大洪

有了互联网真好，纵然是发生在千里万里之外的新闻事件，今天也可以同步或是在最短时间内获知，不仅闻其周详，更可以观其影像，而在获知和观看之余，又难免不引起联想和对比。

这不，我在看了英国女王 2012 年圣诞致辞的视频后，便不禁产生了上述反应。

2012 年圣诞节前，英国天空电视台在白金汉宫书房中摄制了女王伊利莎白二世致辞的视频。这段 8 分 45 秒的视频于格林尼治时间 12 月 25 日下午三点通过标清、高清电视在所有英联邦国家播出，同时通过互联网向全球用户直播。

英女王圣诞致辞的主要内容不外乎是向公众再次提到 2012 年英国的两件大事：伦敦奥运会和女王登基 60 年，

也就是说再次彰显一下英国和英王室的荣耀。媒体在报道这则新闻时，大多强调首次使用 3D 技术摄制，但我从头到尾看下来，更佩服的是英国在国家形象传播方面的创意和手法，说到底，反映了英国今天的软实力。

这段视频有五大特点。

一是保持传统。80 年前乔治五世首创向国民圣诞致辞的形式，据报道称，如今每年的圣诞致辞均由女王亲自撰写，借此机会表达自己对年度事件的看法。

二是人文关怀。在正式致辞前，由一支残障人士组成的小乐队在白金汉宫内先演奏了一首短小动听的圣诞乐曲，又以一曲《荒凉之冬》的女声小合唱结束。

三是注重细节。满头银发的女王身着银色礼服，戴白色珍珠项链、耳环及胸饰，仪态万方，娓娓道来。

四是视觉构思巧妙。致辞并非从头到尾讲话，中间插入钻禧年庆典和奥运会精彩镜头，开头、结尾均有构思巧妙的视频画面。

“软实力”是通过吸引和说服而非强迫或者“硬实力”付出（包括花大钱等方式）来得到你想要得到东西的能力，是一种体现文化、价值观、意识形态及民意等方面的影响力。

五是表现手段创新。女王 1952 年圣诞致辞首度使用广播，1957 年首度使用电视，2007 年使用 YouTube，2012 年首次以 3D 方式录制，在这个对英国来说特殊的年份又做了一件新潮的事。

最重要的是，英女王圣诞致辞视频能够撩拨你的心弦，产生感动人的力量，如在不长的讲话中使用最多的字眼是“勇气、刻苦、奋斗、奉献、服务、责任感、行善、友谊、爱”。2012 年 12 月 26 日，我在网上看到视频后，立即发了一条微博说，这简直就是一部英国和英国王室的宣传片，搞政府公关的赶紧学习吧。圣诞节后几天，迎来了 2013 年新年。我国领导人也依近年来的惯例在中南海发表了新年致辞。不谈理念和创意，对比这两段视频制作的手法，可看出明显的差异。

英女王圣诞致辞视频不过是英国近年来软实力增长的一个实例。在伦敦奥运会开幕式中，女王也以特别的方式亮相——这位 86 岁高龄老太太与 007 邦德一起“从天而降”的一幕给全球观众留下了深刻印象。看到这些实例之后就会多少明白一点，“创意产业”这一概念为什么是在英国诞生的。

英国《单片眼镜》（Monocle）杂志每年进行一项世界多国软实力的测评排名，2012 年的最新排名显示，全球 30 个国家中，英国表现首度胜过美国，名列第一。在亚洲国家中，除了排名第 6 位的日本名列前茅，韩国从 2011 年的第 14 名提升至第 11 名，而中国的排名则从此前的第 20 名滑落至 22 名。(《英调查显示中国全球软实力排名降跌两位至 22 名》，载 2012 年 11 月 19 日环球网）。尽管英国成功举办 2012 年奥运会，大大有助其排名的提升，但该刊主编泰勒·布鲁尔称，"只有履行产生吸引力的规则，才会使得一个国家最具吸引力"。

"软实力"是通过吸引和说服而非强迫或者"硬实力"付出（包括花大钱等方式）来得到你想要得到东西的能力，是一种体现文化、价值观、意识形态及民意等方面的影响力。中国国家形象（包括国家领导人形象）的树立和传播，要取得本国和各国民众普遍的认可，显然还有很多功课要做。

（作者系中国社科院新闻与传播研究所前副研究员）

归乡或者远游

□鲍小东

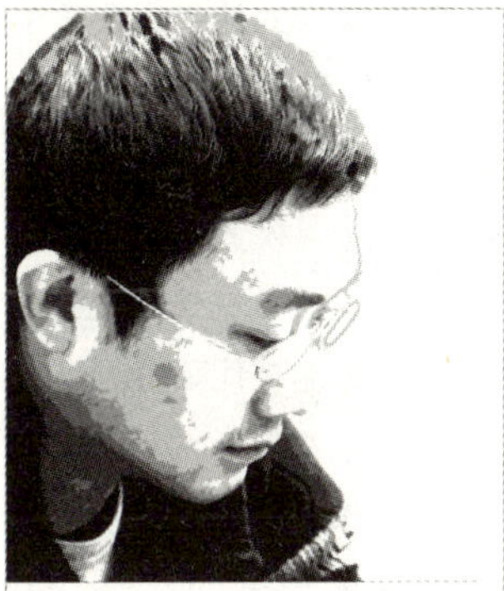

鲍小东

当我提着行李，作别凤凰镇时，只见远处一条田间小路，蜿蜒伸向云烟深处。小路上，一个穿着朴素的少年背着行囊渐行渐远。在他身后，是传统的农耕社会。在这里，人们有更多的时间俯对庄稼和土地，劳作之余，仰首便见青天和日月。他们的一生，就像一棵树，一株庄稼，淹没在广袤天地间。他们不需要语言，但不寂寞，因为可以和庄稼无声对话。在这里，人与人之间只有很少的交往和交易。他们用对待草木虫鱼的眼光对待同类，因此，人际关系简单、淳朴。

朴素少年走过蜿蜒小路，穿山越岭，终于来到向往已久的大都市。土地上、工厂里生产的各种物品，源源不断地聚集于此，经过交易终成商品。为了在交往中积累各种资源，以便自己获得更高的社会地位和更多的物质利益，有人欺诈，有人虚伪，有人出卖他人，也出卖自己的灵魂。

这个自农耕社会走出来的朴素少年，他在物质狂潮中奋力游划，但在无数个深夜，在孤独的小黑屋中，他痛苦、流泪、反思、分裂。最终，他或许失败，但却坚持了良心；他也许学会了虚伪，而成为社会上流。但用历史审判的眼光看，又孰胜孰败呢?

这个少年的故事曾经是很多艺术作品喜欢表达的主题。15年前，我也是那样的一个少年。

我在城市生活了14年后，因挂职而回到乡村，我以为我是归乡。但通过一年的观察，我惊奇地发现，现代乡村已展开了另一幅画卷：无数个朴素少年，如潮水一般涌入城市，迷失于钢筋水泥、霓红灯闪中。乡村的土地荒芜了，它们在农人的眼中已经不再是长出粮食瓜果的神圣所依，而是被征收时的一个个补偿数据。乡村已经沉寂，偶尔在老屋门前、在田间地头看见的都是一张张布满皱纹的沧桑老脸，或者是蹒跚学步的幼童。乡村生活中延续千年的传统文化里的精髓，因年轻人的流失而无所继承，渐渐凋敝；传统文化中糟粕的部分，却在留守的少数青壮年中得到了发扬，因为乡村资源太过贫乏，留守于此的青壮年必须通过比城市里更为残酷的竞争才能获得。

在那个有乡镇干部作陪的酒桌上，城市白领们显得木讷，矜持，而留守青壮年们则如欢腾的小鸟，婉转、流畅。以至于，乡村留守青壮年们善意提醒我，用在乡村之所学运用于城市，则将获得更大的成功。

因此，有喝不完的酒。在酒桌上，人们逢场作戏。盛宴散后，人们在背后骂着对方。通过酒，人们建立关系，并完成各种交易。在描述一个人的好坏时，人们往往以酒量的大小来衡量这个人的豪爽与否。

因此，有送不完的礼。逢年过节，农用车装载着土鸡、茶油、蜂蜜，从村庄送往乡镇;小轿车又装载着这些土特产,从乡镇送往县区。只有这样，某个专项资金才会从县区流往你的乡镇，“和美乡村”项目才会给你的村，而不给他的村。处于利益链条上的留守青壮年们，才能从这些项目、工程中获取利益。所以，在乡村最好的房子一般都是村干部的家。

因此,有剪不断、理还乱的关系网。在一个人数仅60多人的镇政府中，人员成分却十分复杂，有公务员，有事业编制工人身份，有事业编制干部身份，还有临时工。如果你不巧在政府看见一个人给另一个人塞了一包香烟，你一定认为后者是领导。但很多时候是错误的。前者才是领导。领导为什么“巴结”下属呢？因为你若没有关系，即使你是公务员也难得晋升，所以你捧着铁饭碗，而无工作的动力；事业编制的人，因为这身份的限制，没有被提拔空间，因此多做无益。你以为可以好好使唤临时工了，但在乡镇，每一个临时工都有一个不同寻常的背景。这就是领导们时常用小恩小惠哄着下属干活的原因。

有一天，我的几个身居企业高管的朋友们，从城市来看望我时，我错愕地发现了他们和乡村留守青壮年的反差：在那个有乡镇干部作陪的酒桌上，城市白领们显得木讷，矜持，而留守青壮年们则如欢腾的小鸟，婉转、流畅。以至于，乡村留守青壮年们善意提醒我，用在乡村之所学运用于城市，则将获得更大的成功。

我们这群曾经朴素的乡村少年，在城市里生活多年，经过严酷的市场锤炼，以为自己世事洞明，人情练达，但再次回到乡村时却发现自己仍然稚嫩。

经过二三十年的市场经济的发展，城市的市场化程度远高于乡村。尽管在国企改革、房地产行业崛起等经济大潮中，原有的利益集团攫取了巨额财富，但毕竟汇聚城市的资源太丰富，利益链太长了，千万乡村少年在市场经济规则中，也可通过正当竞争成为社会中流，甚至上流。因此我这个近视 2000 多度的人，怀揣中专学历，背井离乡，在陌生城市，不靠溜须拍马、出卖灵魂，而靠一家人的诚实劳动、勤俭节约、正确理财，也能在城市里拥有三套房产、私家车位和私家车。

但我的内心并不因此满足、宁静。一方面，人们崇拜物质和地位，却并不追问获得名利地位的途径是否正当。人们只羡慕养猪户家的房子建得气派，却不过问他将瘦肉精、安眠药喂给猪吃。因此当我面对利益诱惑时，我也会摇摆。一个曾任某县府办主任的朋友，曾用 5 万元消费卡搞定过记者、搞定过报社领导，他酒后劝我说：以后如有人送给你 5 万元消费卡，你一定要收下了。

我的内心并不满足、宁静的另一原因是，太多人可以不用辛苦劳动便能享受更多的名利地位。一个和我同样在乡镇挂职的同行，他在乡镇每月享受的接待费报销额度为 3000 元；领导看望他时，镇党委书记额外批给他 5000 元现金接待费。当他把没花完的钱退回去时，财务却骂他是傻瓜。书记还给他 30 箱礼品，让他拿回原单位去送礼。同事们都交口称赞他挂职有成果。

我在肇庆浸淫一年，也悄然发生了很多改变。以前做记者时，一次，被采访对象强送了 1000 元钱，我还撰文反思（参见《我反思，是为我之心安》

见《南方传媒研究》第 16 辑）。而今呢？在我挂职期满时，凤凰镇农业技术服务中心主任余国科送给我一瓶蜂蜜，我收下了；鼎湖区委组织部送我一块宋坑端砚，我收下了；凤凰镇副镇长何博文把他一块使用很久的绿端茶盘送给我时，我也收下了……

我都找到了收下这些礼品的理由。然而，我的同乡包拯曾于公元 1040 年调任端州（今之肇庆）知郡事，三年后，他离开时，却“不持一砚归”。千年过去了，今天的肇庆，仍有包公楼、包公祠等纪念他。

纪念包公昭示人们对于正义公正的向往，但更多的人仍忙于编织自己的关系网，为名利地位出卖灵魂。人们更在乎此生此世的人生体验，却并不在乎历史的审判。因此，当我提着行李，作别凤凰镇时，不知道是归乡，还是沿着端砚铺成的大道，渐行渐远。人，非要到 60 岁时，才能真正找到回家的路吗？

（作者系南方周末记者，肇庆市鼎湖区凤凰镇挂职副镇长）

深圳“最美女孩”报道大家谈

缘起

“一名满头白发的老人眼巴巴地盯着快餐店里的盒饭，被一名过路的女孩瞅见了，女孩当即买来盒饭，并单膝跪地将饭一口一口喂进老人的嘴里。这是3月24日下午，出现在深圳市欢乐海岸‘飞碟馆’附近的一条街道路边场景，路人们纷纷向喂饭女孩投去了赞许的目光。”3月25日中新网发布了这篇充满“正能量”名为《深圳90后女孩给残疾乞丐喂食 感动路人》的新闻，但第二天新闻就被质疑系人为策划。3月28日，涉事记者郑小红和通讯员石金泉通过中国新闻网官方微博向公众致歉。郑小红在“致歉声明”中称，“请社会公众相信，我的初衷是由于传播正能量、传播真善美，这一点非常重要。”

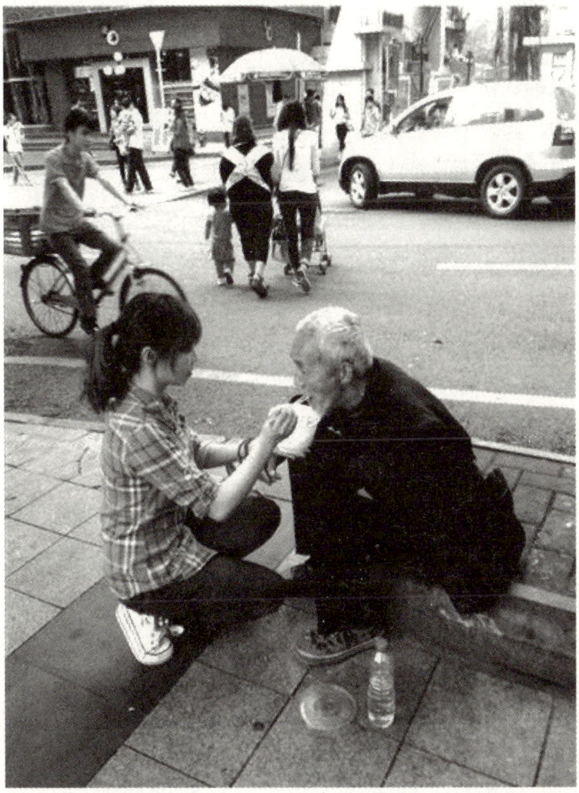

众议

@文炜林：什么是真？女孩喂饭是真，哪怕只有一口喂饭！你能像女孩一样蹲下腿去喂老人一口饭我就说你是真！一秒钟的真也是真！一秒多了就是永恒。

@本来不想开冷气的：这是跟雷锋学的，雷锋每次做好事总是有人给他拍照，这也算是积极学习组织上的先进经验了。其实"最美xx"、"感动中国"、"中华脊梁"…各种名头本来就很浮夸做作，我们社会就喜欢树典型，整景作秀。陷害张氏叔侄冤狱10年的"女神探"也是号称"破案率100%"，因为有榜样，所以有虚伪。圣人不死，大盗不止。

@bianbruce：人们将"最美"给某个人时，说明人的善良之心未泯。我觉得正确的做法是如何使伪善诱向真善。我觉得大家应该深思这种事发生的根源，而不是不假思索的口诛笔伐！当我们不断地讨伐伪善时，也关住了人通向真善的大门！

@翰堡的笑脸：我宁愿看见丑恶的真实，也不愿听见美丽的谎言！

@卡卡2615429345：是真是假有什么关系，如果你被某种精神打动，从自我做起把它发扬出去就好了。

@愉悦的忧伤－宋涛：这个世界是否真的已经变成了这个样子？假恶丑无处不在，真善美无处容身。即便想要那么一丝丝感动，却也是丑恶所扮演。人们理直气壮地造假，心甘情愿地被骗。

@SONGOF温暖：美国政客有时候也装模作样地捏捏小孩儿的脸蛋，不代表他真喜欢那个小孩子。作秀，不一定都是作恶。

@红色墨子：像这类的"导演事件"还有很多，根本上讲这是因为社会太缺正能量，道德大面积沦丧导致。以前扶老人是件很小的事情，在今天看起来需要很大勇气和很强正义感才能做。

@香香醉美莉:每一个被关注的例子，背后都有团队运作。这叫营销。你还信了它的纯，怪了。

@丛林北极熊：读书时我还是挺有爱心的，看到乞丐捡垃圾桶里的残羹吃会起恻隐之心，打包一份快餐给乞丐，看到路边乞讨的老人家会想给点零钱。现在出社会4年了，却没有了以前的的那份行动，路过……路过……仅仅是路过！

@李由杰：各位，无论事情的真假，起码小女孩肯靠近、去喂。问下你们所谓那些受欺骗人士：你们有没有胆量去靠近？更别说喂！

@米粉加酸笋：一事当前，先问真假，后断是非，再说利害——这句经典的话，应该时时刻刻提醒。

@cry233：无良记者，思想扭曲到这种地步！这个社会怎么了？说假话好像还很自豪一样，还传递真善美！

@saimizi：呵呵，无论真假有那么重要吗？因报道感受到什么是善，又因真相而知道什么是恶。有什么损失吗？不用生气。

@文刚Wengang：我倒是真的看到过女孩给无双手的行乞人喂糖果吃，两人还说说笑笑，当时没觉得很特别，因为经常看到路人和行乞人一起互动，有的聊几句，有的伴着行乞人的音乐跳会儿舞，有的相互击掌后道别，可惜这路边场景是在拉斯维加斯。

@幺幺酱：记者媒体造假的多了去了，为了新闻而新闻，号称谎言是善意的谎言，连真善美都需要策划，这个世界该是怎样的荒唐。

@站在厕所跳江南stlye：人类渴望看到这样的画面，才有了新闻。

@秋叶心海：记者当导演的新闻，早已不是新闻了。

@蓝胖子不怕南瓜：借用民众的爱心炒作，石金泉必须为这种行为付出代价。但是，当大家的目光都聚焦在声讨炒作者身上，却忽略了最需要帮助的行乞老人！我们能不能从实际上帮着这位“行乞十年”而无人帮助的老人！记者也不要光顾着“求证”，请从实际上帮助老人！否则我们和“最美女孩”有区别么？

@我是单眼皮的胖子：说得好，中国的媒体行业就是缺乏监管和惩罚机制，很多记者稿源不足闭门写新闻事也是默许的事了。

媒体反思

光明日报：还有多少新闻消费大众情绪？

对最美人物的好感、对正能量的渴求、对弱势群体的同情、对富裕无良群体的憎恶，都能被拿来煽动或发酵，在大众不自觉、不知情的情况下，变成一股由策划者操纵的力量。转型期的社会是一座情绪富矿，民粹主义、民族主义、仇富情绪、不安全感、拜金心理都曾经被新闻点燃。在这当中，最常见的是上纲上线的戾气，最少见的是就事论事的平和。

济南时报：摆拍“最美”折射正能量饥渴症

应该承认，类似于这种“女孩暴雨中为乞丐撑伞”、“女孩人工呼吸救醒乞丐”的事件，所透露出来的“正能量”实在太强大了，能够给人们带来更为强烈的震撼。说白了，就是社会需要这样一种“正能量”，好体现我们这个社会道德大厦的坚实。遗憾的是，这样的"正能量"是可遇不可求的。

华龙网：媒体节操碎一地

某些媒体立场，已潜移默化地认同了这样的标准：真相是可以漠视的，正能量是可以制造的，模范是可以包装的，典型是可以导演的，于是乎，很多凡尘英雄，被送上道德圣坛或做成娱乐大戏；于是乎，扯一些政治大旗作护身符借以唬人并强拉行人吆喝捧场，主题预设，目的钦定，摄影摆拍，答案提示，将千变万化的社会百态，变成了新闻流水线上的套话假话，操作出“讲话没有不重要的，鼓掌没有不热烈的，形势没有不大好的，观点没有不赞同的……”

谋道亦谋食

□本刊编辑部

这是一片自由的海洋，每个人都可以成为其中一座巍峨岛屿。

这是一片撕裂的海洋，每个人都只是其中一座被隔离的孤岛。

是的，说的正是自媒体。微信自媒体目前风头无两，曾航坚信1000个粉丝理论，石扉客小有所成探索前行，张华在微信上达成理想和现实的平衡……个人与机构平起平坐的时代已然来临?

至少，在马三家女子劳教所的报道中，无法得出这样的结论；在张辉张高平的冤案报道中，也得不出这样的结论；在《起底王立军》报道中，更是只见到个人在庞大的机构机器面前的微弱无力。他人即地狱的中国式解读，其锐度就像金属划过玻璃，发出的声音，令人悚然难安。

这些重磅报道，在可以预见的未来里，也许都不太可能从自媒体面世。那么，自媒体，只剩下了自娱自乐? 还是宽泛点，独乐乐不如众乐乐?

从事网站工作多年的曾经的报人陈峰认为，纸媒的空间正是因此而无可替代。“如果媒体真的能够贯彻新闻专业主义，能够耐得住寂寞，为用户提供深入的报道，不仅能够有自己的生存空间，而且能够从社交媒体上抢回大部分用户”。其言下之意则是，孙志刚案报道十年，虽是互联网飞跃发展的十年，但报业的踟蹰，更主要的原因来自自身内部。

如是，一边厢，山东报业大变局；一边厢，惠州晚报要破产。“于浩歌狂热之际中寒，于天上看见深渊，于一切眼中看见无所有，于无希望中得救”。在大数据大潮中的报业，挽狂澜于既倒，“敢问路在何方”唱了很多年。

如今，自媒体发下硬扛媒体业的“战书”，“一个云科技难以撬动广告主的走向，但10个云科技一定可以”；自媒体人已经敢于硬撼媒体机构，“自媒体是最能加剧媒体业百花齐放、加强制衡传统媒体的力量”。

这是实话还是海口?

答案在时间的脚步声中。